문해력만큼은 꼭!

# 읽을수록 똑똑해지는 초등신문

엠앤키즈 이것만큼은 꼭! 01

**문해력만큼은 꼭!**
**읽을수록 똑똑해지는 초등 신문**

초판 1쇄 인쇄 2024년 12월 5일
초판 1쇄 발행 2024년 12월 10일

**글** 오지은
**사진 제공** 셔터스톡

**펴낸곳** M&K
**펴낸이** 구모니카
**편집** 문연정
**마케팅** 신진섭
**등록** 제7-292호 2005년 1월 13일
**주소** 경기도 고양시 일산서구 고양대로 255번길 45, 903동 1503호(대화동, 대화마을)
**전화** 02-323-4610
**팩스** 0303-3130-4610
**E-mail** sjs4948@hanmail.net
**Tistory** https://mnkids.tistory.com

**ISBN** 979-11-91527-93-3
        979-11-91527-92-6 (세트)

문해력만큼은 꼭!

읽을수록
똑똑해지는

초등신문

글 오지은

엠앤키즈

머리말

여러분은 여러분에 대해 잘 알고 있나요?

여러분은 꿈, 좋아하는 것, MBTI 등 자신에 대해 한 번쯤 고민해 본 적이 있을 거예요. 그런데 여러분을 더 잘 이해하기 위해서는 '이것'을 잘 알아야 해요.

바로 여러분을 둘러싼 '사회'인데요. 여러분은 사실 커다란 사회에 속해 있는 사람이에요. 그래서 사회가 어떻게 움직이는지 알면 그 안에 살고 있는 나를 더 잘 이해할 수 있어요. 내가 자주 쓰는 말이나 좋아하는 음식, 즐겨 보는 동영상이 사회의 어떤 흐름 속에서 등장한 것인지 알고 나면 진짜 나의 모습을 알 수 있어요. 그리고 미래에 내가 그 사회의 흐름을 움직이는 멋진 주인공이 될 수도 있어요.

그런데 여기서 문제가 있어요. 영상이나 웹툰은 봐도 봐도 재밌는데 신문이나 뉴스는 그렇지 않아요. 신문이나 뉴스를 보면서 이런 생각을 한 적이 있을 거예요.

'환율? 금리? 이게 무슨 말이지?'

'인공 지능? 메타버스? 어려운 말이네?'

신문이나 뉴스를 봐도 도통 이해가 되지 않아 신문 읽기를 멀리한 적은 없나요? 선생님이 신문 읽기를 어려워하는 여러분을 위해 이 책을 썼어요. 선생님은 여러분이 꼭 알아 두면 좋을 최신 이슈와 중요한 상식 50가지를 골라, 쉽게 풀어서 설명했어요. 매일매일 쏟아지는 뉴스 중에서 사회 흐름을 이해하는 데 도움이 될 만한 중요한 기사만 쏙쏙 뽑았어요. 그리고 여러분이 어려워하는 어휘의 뜻풀이도 함께 담았어요.

여러분이 이 책을 다 읽을 때쯤이면 세상을 바라보는 새로운 안경을 쓰게 될 거예요. 세상을 보는 눈이 넓어지고 사회, 문화, 경제, 세계, 환경을 연결하는 멋진 안경을요. 선생님은 앞으로 여러분이 사회에 대해 고민하고, 세상을 움직이고 나아지게 만드는 사람이 되길 바라요.

오지은 선생님

## 차례

# 사회

# 문화

# 경제

# 세계

# 환경

# 1 사회

# 전세 사기로 사람들이 목숨을 잃었어요

요즘 우리 사회에서 가장 큰 문제로 꼽히는 것 중 하나가 전세 사기예요. 실제로 인천에서는 전세 사기 피해자들이 목숨을 끊는 일도 벌어졌어요. 전세 사기가 도대체 무엇이길래 이렇게 큰 화제가 되고 있는 것일까요?

'사기'란 다른 사람을 속여서 자신이 원하는 것을 얻어 내는 범죄를 말해요. 흔히 '사기당했어.'라고 표현하지요. 그렇다면 전세 사기는 무엇일까요? '전세'는 다른 사람의 집을 쓸 때 일정한 돈, 즉 보증금을 집주인에게 맡겼다가 집을 뺄 때 다시 돌려받는 것이에요. 만약 집을 빌리고 매달 돈을 낸다면 그건 '월세'라고 해요.

집을 구할 때 전세 제도를 이용하는 사람들이 있는데, 이 과정에서 집주인에게 사기를 당하는 경우가 많아졌어요. 대표적으로 집을 빌린 사람이 집을 뺄 때 보증금을 돌려받아야 하는데 집주인이 돈이 없다면서 보증금을 주지 않거나, 가짜 집주인이 보증금을 가로채는 것 등이에요. 이렇게 되면 집을 빌린 사람들은 보증금을 돌려받지 못하고 집에서 쫓겨나게 돼요. 집주인이 사람들을 속인 거지요.

지금까지 약 1만 4,000여 건의 전세 사기 피해가 발생했다고 해요. 나라에서는 전세 사기 피해자들을 위한 센터를 만들고, 집을 빌린 사람들을 보호하는 법을 만들고 있어요.

## 알맹이 찾기

### 빈칸에 들어갈 알맞은 말을 써 보세요.

※ 집주인이 보증금을 주지 않는 등 최근 □□□□로 많은 피해가 발생하고 있어요.

※ 전세는 다른 사람의 집을 쓸 때 □□□을 집주인에게 맡겼다가 집을 뺄 때 다시 돌려받는 것이에요.

### 뜻과 힌트를 보고 빈칸에 어휘를 써 보세요.

※ 이야기할 만한 재료나 소재 □□

힌트: 선생님의 첫사랑 이야기는 큰 ㅎㅈ가 되었다.

※ 나쁜 꾀로 남을 속임. □□

힌트: 아무것도 모르는 아이들에게 ㅅㄱ를 치지 마세요.

## 생각 뚱누기

### 전세 사기를 막기 위한 좋은 방법을 떠올려 보세요.

예 전세 사기 범죄를 저지른 집주인을 강하게 처벌해요.

**정답** 전세 사기, 보증금, 화제, 사기

# 의사 선생님들은 왜 사직서를 내고 있을까요?

정부가 2025학년도 대학 입시부터 의과 대학 정원을 약 1,500명 늘리겠다고 발표했어요. 미래의 의사 수를 늘리겠다는 뜻이지요. 의사들은 이에 반대하며 사직서를 내고 병원을 떠나고 있어요. 그래서 현재 의료 시스템이 무너지고 있는 상황이에요. 의사 수를 늘리려는 정부와 이를 막으려는 의사, 도대체 둘은 왜 싸우고 있는 걸까요?

정부의 생각은 다음과 같아요. 의사 수는 부족한데 의사가 필요한 곳은 많다는 것이에요. 시골처럼 병원이 없는 지역에 사는 환자는 먼 곳까지 가서 진료를 받아야 하고, 의사가 부족해 환자가 여러 병원을 돌아다녀야 해요. 그래서 정부는 의과 대학 정원을 늘려서 의사 수를 늘리려고 하는 거예요.

그렇다면 의사들의 생각은 어떨까요? 의사 단체는 단순히 의사 수를 늘리는 것만으로 문제를 해결할 수 없다고 봐요. 꼭 필요하지만 인기가 없는 내과, 외과, 산부인과, 소아 청소년과 분야의 보상도 턱없이 부족하다고 말해요. 이런 문제를 충분히 이야기하지 않고 의대 정원만 늘린다고 될 일이 아니라는 것이지요.

사실 이것 말고도 정부와 의사 단체는 여러 가지 입장이 복잡하게 얽혀 있어서, 이 문제를 두고 여전히 논의를 하고 있어요.

## 알맹이 찾기

### 글을 읽고 맞으면 O, 틀리면 ×를 써 보세요.

- 정부는 의과 대학 정원을 늘려서 미래의 의사 수를 늘리려고 해요. ☐
- 의사 단체는 의대 정원을 늘리자는 정부의 생각에 찬성해요. ☐

### 뜻을 보고 어휘를 넣어 문장을 짧게 써 보세요.

- 정부: 국민이 살아가는 데 필요한 법을 만들거나 나라에 관한 여러 가지 일을 처리하는 국가 기관

- 논의: 어떤 문제에 대해 서로 의견을 내어 토의함.

## 생각 똥누기

**여러분은 의사 수를 늘려야 한다고 생각하나요? 그 이유도 써 보세요.**

예 의사 수가 늘어나면 아픈 사람이 병원에 쉽게 갈 수 있을 것 같아요.

정답 O, X

# MZ 세대? 알파 세대?
# 우리는 어떤 세대일까요?

언젠가부터 'OO 세대'라는 말이 유행하기 시작했어요. 지금도 MZ 세대, 알파 세대 등 다양한 세대 이름이 등장해 사용되고 있지요. 최근에는 MZ 세대를 소재로 한 개그 프로그램이 인기를 끌면서 세대 이름이 더 큰 화제가 되었어요.

'MZ 세대'는 1980년대 초반부터 2000년대 초반 사이에 태어난 M(밀레니얼) 세대와 1990년대 중반부터 2010년 초반 사이에 태어난 Z 세대를 아울러 부르는 말이에요. 나이로 따지면 10대부터 40대 초반까지 포함되지요. 특히 Z 세대는 어렸을 때부터 스마트폰을 사용하고 SNS로 사람들과 소통하는 등 인터넷에 익숙해 '디지털 원주민'이라고 부르기도 해요.

MZ 세대는 집단보다는 개인을, 그리고 공정성을 중요하게 생각하는 특징이 있어요. 공정하지 않은 문화가 있다면 참지 않고 당당하게 말하지요. 그래서 몇몇 어른들은 MZ 세대를 보고 버릇이 없다고 생각하기도 해요.

그렇다면 '알파 세대'는 어떤 세대일까요? 바로 Z 세대에 이어 등장한 세대예요. 2010년 이후에 태어난 사람들로 지금의 어린이들이지요.

이처럼 다양한 세대가 함께 살아가는 지금, 서로를 이해하고 존중하는 것이 중요한 시대가 되었어요.

## 알맹이 찾기

### 빈칸에 들어갈 알맞은 말을 써 보세요.

- 1980년대 초반부터 2000년대 초반 사이에 태어난 M 세대와 1990년대 중반부터 2010년 초반 사이에 태어난 Z 세대를 아울러 □□ □□ 라고 해요.

- 2010년 이후에 태어난 사람들을 □□ □□ 라고 해요.

### 뜻과 힌트를 보고 빈칸에 어휘를 써 보세요.

- 뜻이 서로 통함. □□

  힌트: 텔레비전을 끄면 가족 간의 ㅅㅌ이 늘어나요.

- 공평하고 올바른 성질 □□□

  힌트: 심판은 판정할 때 ㄱㅈㅅ을 잃지 말아야 한다.

## 생각 뜡누기

### 다양한 세대가 소통할 수 있는 좋은 방법을 떠올려 보세요.

예 서로를 이해할 수 있는 TV 프로그램이나 영상을 만들어요.

정답 MZ 세대, 알파 세대, 소통, 공정성

# 초등학교 입학생들이 줄어들고 있어요

2024년 입학생이 없어서 입학식을 하지 못한 초등학교가 전국에 150개가 넘었어요. 통계에 따르면 20년 전 초등학교 1학년 학생 수는 약 65만 명이었어요. 2014년에는 약 47만 명, 2024년에는 약 30만 명으로 줄어들었지요. 2026년에는 약 20만 명이 될 거라고 해요.

초등학교 입학생이 줄어드는 이유는 무엇일까요? 바로 우리나라의 합계 출산율이 낮아지고 있기 때문이에요. '합계 출산율'이란 15세~49세 여성 1명이 평생 낳을 것으로 기대되는 아이의 수를 뜻해요. 합계 출산율은 2015년 이후 계속 낮아져 2023년에는 0.72명이 되었어요.

이처럼 아이가 적게 태어나는 현상을 '저출생'이라고 해요. 우리나라의 저출생 문제는 세계적으로도 심각한 수준이에요. 경제 협력 개발 기구(OECD)에 가입한 나라 중에서 우리나라 합계 출산율은 11년째 꼴찌 자리를 지키고 있고, 그중 합계 출산율이 1명도 안 되는 나라는 한국뿐이라고 해요. 어떤 학자는 이대로라면 2750년에는 우리나라가 사라질 수도 있다고 말해요.

저출생 문제의 이유는 여러 가지예요. 가장 큰 이유는 여성들이 직업을 갖고 돈을 벌면서 육아와 경제활동을 동시에 하기 어려워졌기 때문이에요. 또 자녀를 기르는 데 드는 비용이 만만치 않아서이기도 해요. 최근에는 결혼 자체를 안 하려고 하는 사람도 많아졌답니다.

## 알맹이 찾기

### 빈칸에 들어갈 알맞은 말을 써 보세요.

- ☐☐☐☐☐은 15세~49세 여성 1명이 평생 낳을 것으로 기대되는 아이의 수를 뜻해요.

- 아이가 적게 태어나는 현상을 ☐☐☐이라고 해요.

### 뜻을 보고 어휘를 넣어 문장을 짧게 써 보세요.

- 경제활동: 사람들이 생활에 필요한 여러 가지를 만들고 사용하는 것과 관련된 모든 활동

| |
|---|
| |

- 정책: 국가 기관에서 국민들에게 도움을 주기 위해 내놓는 계획이나 문제 해결 방법

| |
|---|
| |

## 생각 똑누기

**저출생 문제를 해결하려면 나라에서는 어떤 도움을 주어야 할까요?**

예 아이를 낳는 사람들에게 지원금을 줘요.

| |
|---|
| |

**정답** 합계 출산율, 저출생

# 어린이들은 못 들어오는 곳이 있다고요?

몇 년 전부터 아이들의 소란스러운 행동이 가게의 영업을 방해하고 다른 손님에게 피해를 준다는 이유로 노 키즈 존이 늘어났어요. 공공 예절이 없는 일부 아이들이 큰 소리를 내거나 가게 안 물건을 망가뜨렸기 때문이에요. 특히 일부 부모들이 아이들을 통제 없이 그대로 두거나 가게에 갑질을 하면서 노 키즈 존이 필요하다는 주장에 힘이 실렸어요.

하지만 노 키즈 존은 아이들을 차별하는 것이라는 비판도 꾸준히 있어 왔어요. 일부 부모들의 잘못된 교육 때문에 모든 부모와 아이들이 차별받는 것은 옳지 않다는 입장이지요. 게다가 노 키즈 존이 늘어나면서 특정 고객을 차별하는 노 ○○ 존도 계속 생겨나고 있어요.

최근 튀르키예의 한 항공사가 일부 좌석에 노 키즈 존을 만들자 열띤 논쟁이 벌어졌어요. 이 항공사는 일부 좌석을 만 16세 이상만 이용할 수 있는 노 키즈 존으로 운영하고 있어요. 이곳을 이용하려면 추가 비용을 내야 해요. 다른 항공사들도 잇따라 조용히 여행하기를 원하는 손님들을 위해 노 키즈 존 좌석을 마련하고 있어요.

항공사는 아이들이 내는 시끄러운 소리에 민감한 손님들을 배려했다고 하는데요. 이것을 찬성하는 사람도 있지만 노 키즈 존 같은 어린이 차별이 저출생 문제를 부추긴다는 반대의 목소리도 나오고 있어요.

## 알맹이 찾기

**글을 읽고 맞으면 O, 틀리면 ✕를 써 보세요.**

✂ 노 키즈 존은 어린이들은 못 들어오는 곳이에요.

✂ 사람들은 노 키즈 존을 대부분 찬성하고 있어요.

**뜻과 힌트를 보고 빈칸에 어휘를 써 보세요.**

✂ 상대적으로 높은 위치에 있는 사람이 상대방에게 예의 없게 굴거나 이래라저래라 마음대로 하는 짓 ☐ ☐

힌트: 가게 사장님들은 예의 없는 ㄱㅈ 손님 때문에 힘들어한다.

✂ 둘 이상의 대상에 차이를 두어 구별하는 것 ☐ ☐

힌트: 남자는 파란색, 여자는 분홍색 옷을 입는 것은 분명한 ㅊㅂ이에요.

### 생각 똥누기

**여러분은 노 키즈 존을 찬성하나요? 반대하나요? 그 이유도 써 보세요.**

예 노 키즈 존에 반대해요. 우리도 노 키즈 존에서 파는 맛있는 음식을 먹고 싶어요.

☐

**정답** O, ✕, 갑질, 차별

23

# 비틀비틀 청소년들, 알고 보니 마약을 했다고요?

최근 연예인, 운동선수의 마약 문제로 사회가 시끌시끌했어요. 예전에는 마약을 다른 나라의 일로만 생각했는데, 우리나라도 이제 마약 관련 범죄가 꾸준히 늘고 있어요. 특히 성인뿐만 아니라 청소년들에게도 마약 범죄가 스며들어 큰 문제가 되고 있어요.

그 이유는 인터넷이 발달했기 때문인데요. 과거에는 마약을 아는 사람에게만 판매하는 직거래 형태였다면, 지금은 SNS를 통해 비대면으로 거래할 수 있게 되었어요. SNS 사용이 활발한 청소년들은 호기심에 마약을 접하게 되고, 결국 중독으로 이어지게 되었어요.

그렇다면 도대체 마약이 무엇이길래 사람들을 망가뜨리는 걸까요? 그건 마약을 하는 사람들의 얼굴을 보면 심각성을 알 수 있어요. 초점을 잃은 눈빛, 퀭한 눈, 심한 다크서클, 넋이 나간 표정, 이상한 몸짓까지. 게다가 마약은 한 번 시작하면 쉽게 중독되기 때문에 매우 위험해요.

마약은 종류에 따라 증상이 다양해요. 대부분 초기에는 즐거움을 담당하는 호르몬인 도파민이 넘쳐서 심장이 빨리 뛰고, 도파민이 과하면 환각, 환청 등이 나타나요. 특히 마약을 하다가 끊었을 때 느끼는 불안과 고통 때문에 사람들은 마약에서 헤어 나올 수 없는 거예요.

이에 정부는 청소년들의 마약 중독을 막기 위해 약물 예방 교육을 더욱 강화하기로 했어요.

## 알맹이 찾기

### 글을 읽고 맞으면 ○, 틀리면 ×를 써 보세요.

✤ 마약은 아는 사람에게만 판매하는 직거래 형태로 이루어져요. [ ]

✤ 마약을 하면 심장이 빨리 뛰고 심하면 환각, 환청 등이 나타나요. [ ]

### 뜻을 보고 어휘를 넣어 문장을 짧게 써 보세요.

✤ 거래: 주고받거나 사고파는 것

✤ 중독: 술이나 마약 등을 지나치게 먹어서 그것 없이는 견디지 못하는 상태

## 생각 똥누기

### 마약의 위험성을 알리는 포스터에 들어갈 글을 써 보세요.

예 마약, 단 한 번도 안 돼요!

정답 X, O

# 할아버지 할머니가 주문하기 어려운 세상이 왔어요

가게 문을 열었을 때 '어서 오세요!'라고 맞이하는 사람 대신 네모난 기계가 우뚝 서 있으면 걱정부터 되는 사람들이 있어요. 바로 나이 든 어르신들인데요. 예전에는 사람이 직접 주문을 받았다면 최근에는 키오스크가 주문을 대신 받는 일이 정말 많아졌어요.

'키오스크'는 화면을 손가락으로 눌러 주문과 결제를 하는 터치스크린 방식의 기계예요. 과학 기술 정보 통신부에 따르면 카페나 음식점 등에서 사용하는 키오스크 기계 수가 3년 사이에 16배나 늘었다고 해요. 또 사람이 아예 없는 무인 가게도 많이 늘어났고요.

그렇다면 키오스크가 빠른 속도로 늘어난 이유는 무엇일까요? 바로 코로나19로 비대면 서비스가 늘어났기 때문이에요. 또 경제 상황이 어려워지면서 인건비를 줄이려고 사람 대신 키오스크를

설치했기 때문이지요.

문제는 키오스크를 사용하기 어려운 사람들이 아직 많다는 것이에요. 어르신들의 경우 키오스크 글자가 작아서 잘 보이지 않고, 어떤 버튼을 눌러야 하는지 알아보기 힘들어해요. 그리고 신체적 장애가 있는 사람 중에서 키오스크 버튼을 누르기 힘든 경우도 있어요.

전문가들은 어르신들과 장애인 등 디지털 취약층을 위한 교육이 필요하다고 이야기해요.

## 알맹이 찾기

### 글을 읽고 맞으면 O, 틀리면 ×를 써 보세요.

- 키오스크는 화면을 손가락으로 눌러 주문과 결제를 하는 터치스크린 방식의 기계예요. ☐
- 어르신들과 장애인도 키오스크를 손쉽게 사용하고 있어요. ☐

### 뜻과 힌트를 보고 빈칸에 어휘를 써 보세요.

- 사람을 부리는 데에 드는 비용 ☐☐☐

  힌트: 식당 사장님은 ㅇㄱㅂ를 줄이기 위해 직접 음식을 나르기로 했다.

- 다른 계층에 비해 약해서 사회적으로 보호가 필요한 계층 ☐☐☐

  힌트: 어린이, 노인, 장애인 등의 ㅊㅇㅊ은 국가에서 보호해야 합니다.

## 생각 똥누기

**어르신들과 장애인을 위해 키오스크를 어떻게 바꾸면 좋을까요?**

예 글자 크기를 크게 해요.

정답 O, X, 인건비, 취약층

# BTS도 군대를 가는데
# 병역 특례는 누가 받나요?

케이팝(K-pop)을 대표하는 그룹 BTS 멤버가 군대에 가기 전 병역 특례가 큰 화제가 되었어요. 우리나라는 만 18세 이상의 남자라면 군대에 가야 하는 병역 의무가 있기 때문이에요.

BTS처럼 대한민국의 이름을 높인 대중문화 예술인들도 병역 특례를 받아야 한다는 'BTS 병역 특례법'을 놓고 찬성과 반대 의견이 부딪쳤어요. '대한민국을 알린 일등 공신이므로 특례를 받아야 한다.'라는 찬성 의견과 '대중문화는 법으로 특례 기준을 정하기 힘들며, 군대는 모든 남자가 가야 하는 병역 의무다.'라는 반대 의견이 맞섰지요.

우리나라 병역법에 따르면 병역 특례에 해당하는 사람은 운동선수와 순수 예술인이에요. 이들은 올림픽 3위 이상, 아시안 게임 1위, 국제 예술 경연 대회 2위 이상의 우수한 성적을 얻으면 군대에 가지 않는 혜택을 받을 수 있어요. 이 법은 나라를 빛낸 운동선수와 순수 예술인이 병역에 대한 부담 없이 재능을 펼치게 하려고 만들어졌어요.

그래서 BTS처럼 전 세계에 우리나라를 알린 대중문화 예술인들도 병역 특례 대상에 포함시키자는 의견이 나온 것인데요. 찬반 논란 끝에 BTS 병역 특례법은 국회에서 통과되지 못했고, 멤버들은 모두 군대에 갔어요.

## 알맹이 찾기

### 글을 읽고 맞으면 O, 틀리면 ×를 써 보세요.

- 우리나라 병역법에 따르면 올림픽 3위 이상, 아시안 게임 1위를 한 운동선수는 군대에 가지 않는 혜택을 받을 수 있어요. ☐
- BTS는 대중문화로 대한민국의 이름을 높여 병역 특례를 받았어요. ☐

### 뜻을 보고 어휘를 넣어 문장을 짧게 써 보세요.

- 혜택: 은혜와 덕이 되는 좋은 것

- 특례: 일반적인 규정에 대해 특별하고 예외적인 경우를 정하는 것

## 생각 똥누기

**BTS처럼 대중문화 예술인들도 병역 특례를 받아야 할까요?**

예 나라를 빛낸 사람들이 많은데, 모든 사람에게 혜택을 줄 수 없어요.

정답 O, X

# 선생님들이 거리로 나오기 시작했어요

한 선생님이 학교에서 스스로 목숨을 끊는 일이 벌어졌어요. 그러자 참다 못한 선생님들이 교권을 보호해 달라며 시위를 열었는데요. 도대체 교권이 무엇이고 선생님들이 거리로 나올 수밖에 없었던 이유는 무엇일까요?

'교권'이란 교사로서 지니는 권위나 권력을 말해요. 그리고 '침해'는 다른 사람의 권리에 침범하여 해를 끼치는 것이에요. 그런데 최근 교권이 많이 침해당하고 있어요. 교단에 누워 휴대폰을 보거나 선생님을 때리는 등 교권을 침해하는 일들이 알려지면서 사람들이 분노하기도 했어요.

더 심각한 것은 교사가 이런 아이들의 문제 행동을 교육하였는데, 엄한 목소리가 아이에게 공포감을 줬다, 아이가 정서적으로 피해를 보았다며 학부모가 교사를 아동 학대로 신고하는 것이에요. 정확한 조사 없이 학부모의 말만으로 신고가 접수되는 탓에 나쁜 의도를 가지고 아동 학대 신고를 하는 경우도 많다고 해요.

또 교권 침해 사건이 일어났을 때 모든 피해를 교사 개인이 견뎌 내야 하는 것도 큰 문제예요. 이런 이유로 선생님들은 시위를 통해 '안전하게 교육할 권리'를 지켜 달라고 요구하고 있어요. 그래서 선생님들의 교육 활동을 보장하고, 무분별한 아동 학대 신고로부터 선생님들을 보호하는 움직임이 일어나고 있어요.

## 알맹이 찾기

### 빈칸에 들어갈 알맞은 말을 써 보세요.

✤ ☐☐ 은 교사로서 지니는 권위나 권력을 말해요.

✤ 교사들은 무분별한 ☐☐☐☐ 신고로 고통받고 있어요.

### 뜻과 힌트를 보고 빈칸에 어휘를 써 보세요.

✤ 다른 사람의 권리에 침범하여 해를 끼치는 것 ☐☐

힌트: 아이돌을 몰래 따라다니는 등 연예인 사생활 ㅊㅎ가 심해지고 있습니다.

✤ 사람의 마음에 일어나는 여러 가지 감정을 불러일으키는 것 ☐☐☐

힌트: 클래식 음악을 들으면 ㅈㅅㅈ으로 안정감이 느껴진다.

## 생각 똥누기

### 학교에서 교권 침해를 막을 좋은 방법을 떠올려 보세요.

예 교권을 침해하는 학생에게 경고를 주고, 경고가 쌓이면 벌을 받게 해요.

**정답** 교권, 아동 학대, 침해, 정서적

# 학교 폭력을 저지르면 대학에 못 갈 수도 있대요

아이들이 자라나는 곳이자 안전해야 할 학교에서 끔찍한 폭력 사건들이 일어나면서 많은 사람들의 관심이 모였어요. 특히 유명 연예인의 과거 학교 폭력 사건이 드러나면서 사람들의 분노를 사기도 했지요.

'학교 폭력'은 학교 안이나 밖에서 학생에게 일어나는 폭력을 말해요. 요즘에는 신체 폭력뿐만 아니라 SNS를 통한 협박이나 따돌림 같은 사이버 폭력도 매우 심각해요. 그래서 학교 폭력에 대한 처벌을 강화해야 한다는 데 많은

이들이 공감했어요.

그 결과 학교 폭력을 일으킨 가해 학생에 대한 학교 폭력 위원회(학폭위)의 조치를 학교생활 기록부(학생부)에 기재하는 것을 강화하기로 했어요.

2024년부터 심한 가해 기록은 졸업 후 4년 동안 학생부에 남아요. 여기서 말하는 심한 가해 기록은 학폭위 조치 중에서 6호 출석 정지, 7호 학급 교체, 8호 전학 처분에 해당하는 큰 잘못이에요. 이렇게 되면 고등학교 졸업 후 재수, 삼수를 하더라도 학교 폭력 기록이 있는 학생부로 대학 입시를 치러야 해서 대학 입학에 영향을 주어요.

이는 학교 폭력에는 반드시 불이익이 따른다는 것을 확실하게 알려 주기 위한 것이에요. 정부는 이를 통해 학교 폭력 예방에 도움이 될 거라고 기대한답니다.

## 알맹이 찾기

### 빈칸에 들어갈 알맞은 말을 써 보세요.

✤ □□ □□은 학교 안이나 밖에서 학생에게 일어나는 폭력을 말해요.

✤ 학폭위 조치 중 6, 7, 8호는 졸업 후 4년 동안 □□□에 기록이 남아요.

### 뜻과 힌트를 보고 빈칸에 어휘를 써 보세요.

✤ 어떠한 사태를 잘 살펴서 필요한 대책을 세워 행동하는 일 □□

힌트: 아동을 학대하는 사람에게는 강력한 법적 ㅈㅊ를 내려야 한다.

✤ 문서에 기록해서 올리는 것 □□

힌트: 지원서에 ㄱㅈ한 내용이 사실과 다르면 합격이 취소됩니다.

## 생각 똥누기

### 학교 폭력을 예방하기 위해 여러분이 할 수 있는 일을 써 보세요.

예 괴롭힘을 당하는 친구를 보면 선생님께 알려요.

정답 학교 폭력, 학생부, 조치, 기재

# 강원도가 아니라 강원특별자치도!

우리나라는 지역을 여러 가지 방법으로 구분해요. 그중 산이나 강, 바다, 높은 고개 등 자연환경에 따라 호남, 영남 등으로 구분했는데, 이런 지역 구분 방법은 오늘날 행정구역을 정하는 기초가 되었어요.

'행정구역'은 나라 살림을 편리하게 하려고 구분한 지역이에요. 조선 시대에는 전국을 8개의 도로 나누어 다스려서 '조선 팔도'라고 불렀어요. 당시에는 전국을 경기도, 충청도, 전라도, 경상도, 강원도, 황해도, 평안도, 함경도로 나누었어요. 오늘날 우리가 사용하는 행정구역은 여기서 비롯되었어요.

행정구역은 나라를 효율적으로 관리하기 위해 나눈 것이기 때문에 시간이 흐르면서 조금씩 바뀌었어요. 그래서 현재는 북한을 제외하고 특별시 1곳, 광역시 6곳, 특별자치시 1곳, 도 6곳, 특별자치도 3곳으로 이루어져 있어요.

여기서 주목할 곳은 '특별자치'라고 불리는 곳인데요. 과연 무엇이 특별할까요? 특별자치 구역이 되면 중앙 정부로부터 특별자치 구역만을 위한 재정을 투자받을 수 있어요. 그러면 독자적으로 발전할 기회가 열리는 장점이 있어요.

우리나라는 처음 제주특별자치도를 시작으로 세종특별자치시, 강원특별자치도, 전북특별자치도 등 지금까지 네 곳이 특별자치 구역으로 지정되었어요.

## 알맹이 찾기

### 빈칸에 들어갈 알맞은 말을 써 보세요.

✿ □□□□은 나라 살림을 편리하게 하려고 구분한 지역이에요.

✿ 강원도는 2023년 강원□□□□□로 이름을 바꾸었어요.

### 뜻과 힌트를 보고 빈칸에 어휘를 써 보세요.

✿ 돈에 관한 여러 가지 일 □□

힌트: 우리 회사는 지금 ㅈㅈ 상태가 좋지 않다.

✿ 남에게 기대지 않고 혼자서 하는 것 □□□

힌트: 이 일은 내가 ㄷㅈㅈ으로 해 보고 싶어.

## 생각 똥누기

**내가 사는 지역이 특별자치 구역이 된다면 무엇이 달라질까요?**

예 산업이 발전해서 우리 지역으로 일하러 오는 사람들이 늘어날 것 같아요.

정답 행정구역, 특별자치도, 재정, 독자적

# 2 문화

# 자동차 번호판 색깔에도 뜻이 있다고요?

주민 등록을 하면 주민 등록증을 받는 것처럼 자동차 등록을 하면 번호판을 받게 돼요. 번호판은 자동차의 신분증 같은 것이지요. 그런데 자동차 번호판은 색깔이 다른데, 이 색깔에는 어떤 의미가 있는 것일까요?

자동차 번호판은 초록색, 하얀색, 파란색, 노란색, 주황색, 감청색 등 색깔이 다양해요. 그중 초록색과 하얀색은 면허만 있으면 일반 사람들이 운전할 수 있는 일반용 차량을 뜻해요. 요즘에는 초록색 번호판을 쉽게 볼 수 없는데, 그 이유는 2006년부터 초록색 번호판을 하얀색으로 바꿨기 때문이에요.

최근 많이 볼 수 있는 파란색 번호판은 전기 자동차와 수소 자동차 같은 친환경 차량이라는 뜻이에요. 전기 자동차는 배터리에 충전된 전기의 힘으로 움직이는 자동차로, 소음이 거의 없고 환경을 보호할 수 있어요. 그리고 수소 자동차는 산소와 수소가 결합하면서 발생하는 전기로 달리지요.

그리고 버스나 택시처럼 운수용 차량에는 노란색 번호판을, 지게차, 굴삭기 등 중장비 차량에는 주황색 번호판을, 외교관이 타는 외교용 차량에는 감청색(짙은 남색) 번호판을 달아요.

이처럼 자동차 번호판 색깔은 자동차의 종류나 용도를 한눈에 알아보기 위한 것이랍니다.

## 알맹이 찾기

### 글을 읽고 맞으면 O, 틀리면 ×를 써 보세요.

✖ 자동차 번호판은 숫자만 다르고 색깔은 모두 같아요.

☐

✖ 전기 자동차와 수소 자동차 같은 친환경 차량에는 파란색 번호판을
달아요.

☐

### 뜻을 보고 어휘를 넣어 문장을 짧게 써 보세요.

✖ 친환경: 자연환경을 오염시키거나 파괴하지 않고 자연 그대로의 환경과 잘 어울리는 것

☐

✖ 결합: 둘 이상의 사물이나 사람이 서로 관계를 맺어 하나가 되는 일

☐

### 생각 뚱누기

**내가 만약 자동차 번호판을 만든다면 어떤 색깔로 만들고 싶나요?**

예 번쩍번쩍 빛나는 금색 번호판을 만들고 싶어요.

☐

# 휴대 전화, 도대체 얼마나 빨라질 것이니!

휴대 전화 위쪽을 살펴보면 'LTE' 혹은 '5G'라는 글자가 보여요. 신문이나 뉴스, 광고 등에서도 5G라는 말이 자주 등장하는데, 5G는 무슨 뜻일까요?

'5G'는 5세대(5th Generation) 이동 통신을 가리키는 말이에요. 기존의 4세대 이동 통신인 LTE에 비해 많은 데이터를 빠르게 전송하고, 실시간으로 모든 것을 연결하는 기술이에요. 이것은 휴대 전화뿐만 아니라 미래 산업에 적용되는 기술이기도 해요.

5G는 크게 초고속, 초대용량, 초저지연, 초연결이라는 4가지 특징이 있어요. 초고속은 말 그대로 아주 빠른 속도라는 뜻으로, 속도가 LTE에 비해 약 20배 정도 빨라요. 초대용량은 데이터 용량이 늘어났다는 뜻이에요. 또 초저지연은 신호를 보내고 응답을 받는 시간이 줄어들었다는 뜻으로, 실시간 서비스가 가능해졌어요. 그리고 초연결은 동시에 접속할 수 있는 기기의 수가 많아졌다는 뜻이에요.

이런 5G 기술을 활용해 놀이기구를 가상 체험하는 '5G 아틀란티스' 서비스도 실시했어요. 고화질 영상을 실시간으로 보며 움직이는 의자에 앉으면, 마치 무서운 놀이기구를 실제로 타는 것 같은 생생한 기분이 들어요.

앞으로 5G 기술이 어디까지 뻗어 나갈지 점점 더 기대돼요.

## 알맹이 찾기

**빈칸에 들어갈 알맞은 말을 써 보세요.**

✳ ☐☐ 는 5세대 이동 통신을 가리키는 말이에요.

✳ ☐☐☐ 은 동시에 접속할 수 있는 기기의 수가 많아졌다는 뜻이에요.

**뜻과 힌트를 보고 빈칸에 어휘를 써 보세요.**

✳ 고정되지 않은 위치에서 이동 중에 무선으로 통신하는 방법

☐☐☐☐

힌트: ㅇㄷ ㅌㅅ 업체들은 다양한 휴대 전화 요금제를 광고한다.

✳ 실제로 존재하지 않는 상상의 공간에서 보고 듣고 겪는 일

☐☐☐☐

힌트: 롤러코스터 ㄱㅅ ㅊㅎ을 통해 누구든지 롤러코스터를 타는
짜릿함을 느낄 수 있다.

## 생각 똥누기

**6G 기술이 개발되면 어떤 일이 일어날지 상상해 보세요.**

예 영화에 나오는 것처럼 홀로그램으로 통화할 것 같아요.

☐

정답 5G, 초연결, 이동 통신, 가상 체험

# 제로 콜라, 정말 제로(0)일까요?

제로 콜라, 제로 사이다, 제로 슈거가 사람들 사이에서 큰 인기예요. 그런데 제로 콜라는 정말 제로(0) 칼로리(kcal)일까요?

정답부터 말하면 진짜 0칼로리는 아니에요. 우리나라는 음료 100밀리리터(mL)당 4칼로리보다 열량이 낮으면 0칼로리로 표기할 수 있어요. 그래서 제로 콜라는 완전 0칼로리는 아니지만, 거의 0칼로리에 가깝다고 할 수 있어요.

그러면 거의 0칼로리에 가까운 제로 콜라는 어떻게 단맛이 나는 걸까요? 그건 바로 아주 적은 양으로 단맛을 내는

인공 감미료를 사용했기 때문이에요. 보통 콜라 1캔에는 설탕이 약 30~40그램(g) 정도 들어 있고, 콜라의 열량은 약 150칼로리 정도예요. 그런데 설탕 대신 인공 감미료를 0.1~0.2그램만 넣어도 같은 수준의 단맛이 나기 때문에 열량은 거의 0칼로리가 되는 거랍니다.

그런데 최근 인공 감미료 중 하나인 아스파탐(아스파르템)이 암을 일으킬 것으로 살짝 의심되는 2B군으로 분류되어 논란이 있었어요.

하지만 크게 걱정할 일은 아니에요. 2B군은 김치, 커피, 휴대 전화 전자파도 속한 군으로, 아예 없이 살기엔 어려운 것들이 많아요. 또 하루에 제로 콜라를 수십 캔 마시는 게 아니라면 문제가 되지 않는다고 해요. 그래도 인공 감미료가 내는 단맛에 중독되면 높은 열량의 음식을 찾게 되고, 결국 살이 더 찔 수 있으니 조심해야 해요.

## 알맹이 찾기

### 글을 읽고 맞으면 O, 틀리면 ×를 써 보세요.

- 제로 콜라는 정말 0칼로리예요. [ ]
- 인공 감미료는 열량이 낮아서 많이 먹어도 아무런 문제가 없어요. [ ]

### 뜻을 보고 어휘를 넣어 문장을 짧게 써 보세요.

- 표기: 글자로 적어서 나타내는 것

- 열량: 열에너지의 양으로, 보통 칼로리로 표시함.

## 생각 똥누기

**제로 콜라를 자주 마시는 친구에게 도움이 되는 말을 해 주세요.**

예 제로 콜라 대신 건강한 음료를 마시면 어때?

정답 X, X

# 당신의 MBTI는 어떻게 되나요?

최근 우리나라에서 MBTI 열풍이 강하게 불고 있어요. 그래서 자신을 소개할 때 이름, 취미, 특기와 더불어 MBTI를 소개하곤 해요.

'MBTI'는 4개의 기준에 따라 성격을 16가지 유형으로 구분하는 검사예요. 에너지 방향에 따라 외향(E)과 내향(I)으로 구분하고, 정보 수집 방법에 따라 감각(S)과 직관(N)으로 구분해요. 또 판단 기능에 따라 사고(T)와 감정(F)으로, 생활 방식에 따라 판단(J)과 인식(P)으로 구분하지요.

성격이 16가지로 다양하게 나오기 때문에 많은 사람들이 MBTI를 좋아해요. 일부 사람들은 MBTI를 통해 서로를 더 잘 이해하게 됐다며 MBTI를 긍정적으로 평가해요. 상대방의 성격을 미리 파악하고 갈등을 줄일 수 있다고 말하지요.

한편에서는 사람의 성격을 16가지만으로 구분하는 것은 어렵다며, MBTI가 개인의 개성을 틀에 가둔다고 지적하기도 해요. 전문가들도 MBTI의 검사 정확도가 높지 않다고 말하지요.

하지만 일부 회사에서 사람을 뽑을 때 MBTI 검사 결과를 요구하고, 특정 MBTI 유형은 아예 지원할 수 없도록 한 일이 있었어요. 그래서 지나치게 MBTI에 몰입한다는 비판을 받기도 했지요. 그뿐 아니에요. 사람들 사이에서 MBTI가 친구를 사귀는 데 중요한 조건이 되는 것도 문제가 되고 있어요.

## 알맹이 찾기

### 글을 읽고 맞으면 O, 틀리면 ×를 써 보세요.

※ MBTI는 4개의 기준에 따라 성격을 16가지 유형으로 구분하는 검사예요. ☐

※ 전문가들은 MBTI는 검사 정확도가 높아서 믿을 만하다고 말해요. ☐

### 뜻과 힌트를 보고 빈칸에 어휘를 써 보세요.

※ 매우 세차게 일어나는 기운이나 기세를 이르는 말 ☐☐

힌트: 아이돌 그룹의 춤과 노래로 전 세계에 케이팝 ㅇㅍ이 불고 있어요.

※ 깊이 파고들거나 빠짐. ☐☐

힌트: 게임에 지나치게 ㅁㅇ하면 게임 중독이 될 수 있어요.

## 생각 똑누기

**여러분은 MBTI 검사를 해 본 적이 있나요? 결과를 보고 어땠는지 이야기해 보세요.**

예 친한 친구와 정반대 성격으로 나와서 깜짝 놀랐어요.

정답 O, X, 열풍, 몰입

# 자동차가 알아서 운전을 한다고요?

과학 기술이 발전하면서 점점 더 편리한 세상이 되고 있어요. 알아서 에어컨 온도를 조절해 주기도 하고, 사람처럼 직접 주문을 받기도 해요. 이렇게 사람처럼 생각하는 컴퓨터 시스템을 '인공 지능(AI)'이라고 해요. 최근에는 인공 지능을 갖춘 자율 주행 자동차가 주목을 받고 있어요.

'자율 주행 자동차'는 자동차가 사람처럼 알아서 판단하고 운전하는 것을 말해요. 자율 주행 단계에 따라 조금씩 차이가 있는데 운전자가 필요한 단계,

가끔 필요한 단계, 없어도 되는 단계까지 자율 주행 기술에 따라 다양해요. 지금은 운전자가 필요한 단계이지만 차선 유지나 자동 멈춤 등의 기술은 가능한 상황이에요.

자율 주행 자동차가 가져올 미래 모습은 어떨까요? 사람들은 차를 타고 이동하면서 잠을 자거나 일을 할 수 있어요. 특히 운전이 불안한 사람들은 자율 주행 덕분에 교통사고의 위험에서 벗어날 수 있지요. 자율 주행은 개인에게만 좋은 것은 아니에요. 불필요한 차선 변경, 느린 반응 시간 등으로 막혔던 도로가 자율 주행을 통해 효율적으로 이용될 수 있어요.

하지만 자율 주행 자동차도 걱정스러운 부분이 있어요. 차량 제어 과정에서 잘못 작동하여 교통사고가 발생할 수 있고, 개인 정보나 위치 정보가 알려지는 사이버 보안 문제도 있어요.

## 알맹이 찾기

### 빈칸에 들어갈 알맞은 말을 써 보세요.

✖ □□□□ 은 사람처럼 생각하는 컴퓨터 시스템이에요.

✖ □□□□□□□ 는 자동차가 사람처럼 알아서 판단하고 운전하는 것을 말해요.

### 뜻을 보고 어휘를 넣어 문장을 짧게 써 보세요.

✖ 제어: 기계 등이 알맞게 작동하도록 조절하는 것

✖ 보안: 안전을 유지하는 일

## 생각 똥누기

### 여러분이 생각하는 자율 주행 자동차의 장점과 단점을 써 보세요.

예 멀리 갈 때 오래 운전하지 않아도 돼요. 하지만 문제가 생기면 스스로 해결할 수 없어요.

**정답** 인공 지능, 자율 주행 자동차

# 이 음식 유통 기한, 아니 소비 기한이 어떻게 되나요?

마트에서 산 우유나 고기 등을 보면 '유통 기한' 대신에 '소비 기한'이라고 적혀 있어요. 이전까지는 식품을 사고팔 수 있는 기간인 유통 기한을 표시했다면, 이제는 식품을 먹을 수 있는 기간인 소비 기한을 쓰기로 했어요. 2023년은 정책을 시행하기 전 사람들에게 널리 알리는 시기로 운영되었고, 2024년부터는 반드시 소비 기한으로 적어야 해요.

오랫동안 사용했던 유통 기한 표시를 소비 기한으로 바꾼 이유는 무엇일까요? 바로 식품 폐기물을 줄이기 위해서예요. 유통 기한이 몇 분 정도 지난 제품이라도 품질에는 크게 문제가 되지 않는데, 지금까지 사람들은 유통 기한이 지난 제품은 절대 먹으면 안 된다고 생각하고 버리는 일이 많았어요.

이렇게 버려지는 음식물 쓰레기 때문에 쓰레기 처리 비용도 많이 들어요. 또 음식물 쓰레기를 처리하는 과정에서 나오는 온실가스가 환경에 나쁜 영향을 주고 있어요.

그래서 정부는 식품에 대한 표시를 소비 기한으로 바꿔 먹을 수 있는 제품이 마구 버려지는 것을 막으려고 해요. 이미 미국, 유럽, 일본 등에서도 소비 기한을 도입해 사용하고 있어요. 정부는 소비 기한 제도로 쓰레기 처리 비용이 줄어들 것을 기대하고 있답니다.

## 알맹이 찾기

### 글을 읽고 맞으면 O, 틀리면 ×를 써 보세요.

�֍ 2024년부터는 식품에 반드시 유통 기한을 표시해야 해요.

✖ 식품에 대한 표시를 소비 기한으로 바꾸면 버려지는 음식물 쓰레기를
줄일 수 있어요.

### 뜻과 힌트를 보고 빈칸에 어휘를 써 보세요.

✖ 지구 대기를 오염시켜 온실(난방) 효과를 일으키는 가스

힌트: 환경을 위해 ㅇㅅㄱㅅ를 줄이는 강력한 법을 만들어야 한다.

✖ 기술이나 방법 등을 끌어 들이는 것

힌트: 새로운 시험 제도를 ㄷㅇ하였는데 반응이 좋아요.

## 생각 똥누기

### 여러분이 자주 사는 식품의 소비 기한을 확인해서 써 보세요.

**예** 내가 좋아하는 과자는 ○○년 ○○월 ○○일까지예요.

**정답** X, O, 온실가스, 도입

# 릴스, 틱톡, 쇼츠! 숏폼에 빠진 사람들

최근 릴스, 틱톡, 쇼츠 등 짧은 영상이 젊은 세대 사이에서 큰 인기를 끌고 있어요. 이러한 것을 '숏폼'이라고 하는데요. 숏폼(short-form)은 1분 내외의 짧은 영상을 말해요.

숏폼은 왜 유행하게 되었을까요? 그 이유는 숏폼이 TV보다 스마트폰에 익숙한 젊은 세대를 잘 공략했기 때문이에요. 또 짧은 시간 동안 많은 정보와 재미있는 자극을 얻을 수 있어서 효율성이 높은 것도 있지요. 그리고 누구나 참여할 수 있는 것도 숏폼이 인기 있는 이유 중 하나예요. 젊은 세대들은 영상을 찍고 SNS에 올리는 것이 자연스러워요. 숏폼은 복잡한 편집 과정 없이 누구나 쉽게 만들 수 있기 때문에 많은 사람들이 숏폼을 즐기고 있어요.

문제는 짧고 자극적인 내용 때문에 숏폼에 중독된 사람들이 많다는 거예요. 숏폼을 지나치게 오래, 자주 보는 사람은 '영츠하이머'에 걸릴 위험이 크다고 해요. 영츠하이머는 '젊은(Young)'과 기억력이 떨어지는 병인 '알츠하이머(Alzheimer)'를 합친 말로, 나이가 어린데도 불구하고 깜빡하는 증상이에요. 지나친 전자 기기 사용으로 쉬지 못한 뇌가 병에 걸린 것이지요.

건강 문제뿐만 아니라 숏폼 내용에는 불건전하고 정확하지 않은 정보가 많아서 자라나는 학생들에게 안 좋은 영향을 끼칠 우려가 있어요.

## 알맹이 찾기

### 글을 읽고 맞으면 ○, 틀리면 ×를 써 보세요.

�֎ 최근 릴스, 틱톡, 쇼츠 등 짧은 영상이 젊은 세대 사이에서 큰 인기를
끌고 있어요.

✖ 숏폼을 지나치게 오래, 자주 보는 사람은 영츠하이머에 걸릴 위험이
커요.

### 뜻을 보고 어휘를 넣어 문장을 짧게 써 보세요.

✖ 공략: 적극적인 자세로 나서서 어떤 것을 차지하거나 어떤 사람을 자기편으로 만드는 것

✖ 우려: 근심과 걱정

### 생각 똥누기

**여러분이 숏폼을 만든다면 어떤 내용으로 만들고 싶나요?**
예 친구와 함께 아이돌의 댄스 챌린지를 찍고 싶어요.

정답 ○, ○

# 아슬아슬 전동 킥보드, 우리도 탈 수 있나요?

아파트 단지나 도로 등에서 소리 없이 빠른 속도로 달리는 교통수단 때문에 깜짝 놀란 적이 있을 거예요. 그 교통수단은 바로 '전동 킥보드'인데요. 전동 킥보드는 대표적인 개인형 이동 장치(PM, Personal Mobility)예요.

우리나라 도로 교통법에 따르면 개인형 이동 장치는 전기로 움직이는 교통수단으로, 최고 속도는 시속 25킬로미터(km) 미만, 총무게는 30킬로그램(kg) 미만으로 정해져 있어요. 그런데 이런 개인형 이동 장치도 반드시 면허가 있어야 탈 수 있어요.

전동 킥보드는 스마트폰으로 쉽게 빌리고 반납할 수 있으며, 꽉 막힌 도로에서는 자동차보다 빠르다는 장점 때문에 많은 사람들이 이용해요. 하지만 전동 킥보드는 면허와 헬멧 착용이 필수인데, 규칙이 잘 지켜지지 않고 있어요.

프랑스 파리는 2023년 9월부터 공유

전동 킥보드를 금지했어요. 오스트레일리아 멜버른도 2024년 8월에 공유 전동 킥보드 사용을 금지했어요. 가장 큰 이유는 안전 때문이에요. 전동 킥보드 운전자는 사고가 나면 사고 충격을 고스란히 맨몸으로 받기 때문에 크게 다치기 쉬워요. 운전자뿐만 아니라 보행자도 빠른 속도로 달리는 전동 킥보드 때문에 안전을 위협받고 있어요.

편리함과 위험이 함께 있는 전동 킥보드, 계속 타야 할까요?

## 알맹이 찾기

### 글을 읽고 맞으면 O, 틀리면 ×를 써 보세요. ✏️

✖ 전동 킥보드는 헬멧만 쓰면 누구나 탈 수 있어요. ⬜

✖ 우리나라 도로 교통법에 따르면 개인형 이동 장치는 전기로 움직이는 ⬜
　교통수단이에요.

### 뜻을 보고 어휘를 넣어 문장을 짧게 써 보세요. ✏️

✖ 착용: 옷, 모자, 신발 등을 입거나 쓰거나 신는 것

|  |
|  |

✖ 보행자: 걸어서 길을 오가는 사람

|  |
|  |

생각 똥누기

### 여러분은 전동 킥보드 때문에 다치거나 다칠 뻔한 경험이 있나요?

예 전동 킥보드가 뒤에서 슝 지나가서 사고가 날 뻔했어요.

|  |
|  |

정답 X, O

# 3 경제

# 포켓몬빵과 허니버터칩, 이저는 먹태깡까지?

이른 새벽 편의점으로 들어오는 택배 트럭을 기다리는 사람들이 있었어요. 바로 '포켓몬빵'을 사려고 기다리는 사람들이었는데요. 포켓몬빵에 들어 있는 띠부실(떼었다 붙였다 하는 스티커)을 구하기 위해 새벽부터 기다리는 것이었어요. 이에 편의점들은 한 사람당 살 수 있는 빵 개수를 제한하기도 했어요.

그전에는 '허니버터칩'이라고 하는 과자가 큰 인기를 끌어 품절 대란 사태가 벌어지기도 했어요. 그래서 포켓몬빵, 허니버터칩 등 구하기 힘든 제품들이 중고 거래 시장에서 높은 가격에 거래되기도 했어요. 최근에는 '먹태깡'이라는 과자가 완판되는 등 사람들의 큰 관심을 받았어요.

이처럼 물건을 보고 사고 싶다고 느끼는 마음을 '수요'라고 해요. 반대로 기업이 물건을 만들어 파는 것을 '공급'이라고 하지요. 포켓몬빵과 허니버터칩은 공급에 비해 사람들의 수요가 매우 많기 때문에 중고 거래에서 원래 가격보다 비싸게 팔린 것이에요.

그러면 기업에서 공급하는 양을 늘려 사람들의 수요를 맞춰 주면 되겠지만, 일부러 그렇게 하지 않는 경우도 있어요. 이것을 '헝거 마케팅(Hunger marketing)'이라고 해요. 말 그대로 소비자를 배고프게 만드는 전략이지요. 기업은 정해진 양만 팔아서 사람들이 물건을 더 사고 싶게 만드는 거랍니다.

## 알맹이 찾기

### 빈칸에 들어갈 알맞은 말을 써 보세요.

- □□는 물건을 보고 사고 싶다고 느끼는 마음이고, □□은 기업이 물건을 만들어 파는 것이에요.
- □□ □□□은 소비자를 배고프게 만드는 전략이에요.

### 뜻과 힌트를 보고 빈칸에 어휘를 써 보세요.

- 일정한 한도를 정하거나 그 한도를 넘지 못하게 막는 것 □□

  힌트: 이곳은 ㅈㅎ 구역이니 관계자 외에는 출입할 수 없습니다.

- 물건이나 서비스를 돈을 내고 구입하여 사용하는 사람 □□□

  힌트: 새로 나온 광고는 ㅅㅂㅈ의 관심을 끄는 데 성공했다.

## 생각 똥누기

### 여러분 사이에서 인기 있고 구하기 힘든 제품은 무엇인가요?

예 포토 카드나 작은 소품을 보관하는 다용도 보관함이 인기 있어요.

정답 수요, 공급, 헝거 마케팅, 제한, 소비자

# 점보 도시락, 슈퍼 삼각김밥! 언제까지 커질까요?

한때 편의점에서 점보 도시락, 슈퍼 삼각김밥, 대왕 크림빵까지 엄청난 크기의 상품들이 쏟아져 나온 적이 있어요. 이런 상품들은 SNS를 통해 사람들의 관심을 끌고 완판까지 되었지요. 기업들은 왜 굳이 상품의 크기를 키우는 것일까요? 크면 더 맛있어서 그런 것일까요?

여러 가지 이유가 있지만 크기가 큰 점보 상품 유행에는 '펀슈머(Funsumer)' 현상도 한몫했어요. 펀슈머란 '재미'를 뜻하는 '펀(fun)'과 '소비자'를 뜻하는 '컨슈머(consumer)'를 합친 말로, 단순히 물건을 사는 것이 아니라 물건을 살 때 재미를 중요하게 여기는 소비자를 말해요. 주로 MZ 세대에서 나타나는 소비 방법이지요.

이러한 소비 방법은 혼자서 구매하고 끝나는 것이 아니라 SNS를 통해 공유되고 퍼져 나가요. 소비자들이 알아서 광고해 주는 것이지요. SNS에서 이 상품을 접한 사람들은 재미를 느끼기 위해 그 상품을 사게 되고 그러면서 유행이 돼요.

그래서 기업들은 소비자의 관심을 끌 만한 특별한 상품을 만들어요. 커다란 점보 상품뿐만 아니라 다양한 굿즈(특정 연예인이나 브랜드가 만든 상품)를 만들고, 팝업 스토어(사람들이 붐비는 장소에서 특정 상품을 짧은 기간 동안 판매하고 사라지는 매장)를 열어서 사람들의 구매 욕구를 불러일으키지요.

## 알맹이 찾기

**빈칸에 들어갈 알맞은 말을 써 보세요.**

❋ [ ][ ][ ]는 물건을 살 때 재미를 중요하게 여겨요.

❋ 사람들이 붐비는 장소에서 특정 상품을 짧은 기간 동안 판매하고 사라지는 매장을 [ ][ ][ ][ ][ ]라고 해요.

**뜻을 보고 어휘를 넣어 문장을 짧게 써 보세요.**

❋ 완판: 물건을 하나도 남김없이 다 파는 것

❋ 한몫하다: 한 사람으로서 맡은 역할을 충분히 하다.

## 생각 뽐내기

**펀슈머를 위해 만들고 싶은 상품을 이유와 함께 써 보세요.**
**예** 마라탕이 유행하니까 마라맛 음료수를 만들고 싶어요.

# 착한 소비로 세상을 바꿔요

달콤한 초콜릿 뒤에 숨겨진 슬픈 이야기가 있어요. 초콜릿의 주원료는 카카오 나무에서 자라는 카카오 열매인데, 이 카카오는 아프리카 지역에서 많이 생산돼요.

놀라운 사실은 카카오를 수확하기 위해 많은 아이들이 고통을 받고 있다는 것이에요. 카카오 농장에서 일하는 아이들의 절반은 14세 미만으로, 일주일에 100시간에 가깝게 일을 해요. 이렇게 오랜 시간 일을 하고도 제대로 돈을 받지 못하지요. 그렇다면 누가 이득을 얻고 있을까요?

바로 카카오 농장 주인과 초콜릿을 파는 기업들이에요. 이들은 부당한 방법으로 자기들만 이익을 얻고 있어요. 이렇게 공정하지 못한 방법으로 물건을 만들고 거래하는 것을 '불공정 무역'이라고 해요. 노동에 대한 정당한 대가를 받지 못하고 자연환경을 해치는 무역이지요.

불공정 무역의 문제를 반성하며 등장한 것이 바로 공정 무역인데요. '공정 무역'은 노동자에게 정당하게 돈을 주는 과정을 거친 무역이에요. 일한 사람에게 적절한 월급을 주고, 아이들이 혹독하게 일하지 않도록 하는 것이지요.

공정 무역 제품은 일반 제품에 비해 가격이 조금 비싸지만, 만드는 과정에서 노동자의 권리를 지켜 주기 때문에 '착한 소비'라고 불러요. 카카오 농장의 아이들을 지켜 주기 위해 공정 무역 초콜릿을 사 보는 것은 어떨까요?

 **알맹이 찾기**

## 글을 읽고 맞으면 O, 틀리면 ×를 써 보세요.

✖ 공정하지 못한 방법으로 물건을 만들고 거래하는 것을 공정 무역이라고
해요.

✖ 공정 무역 제품은 일반 제품에 비해 가격이 조금 싸요.

## 뜻과 힌트를 보고 빈칸에 어휘를 써 보세요.

✖ 이치에 맞지 않은 것 [　][　]

힌트: 이번 심판 결과는 아무리 생각해도 ㅂㄷ하다.

✖ 몹시 심하다. [　][　][　][　]

힌트: 올해 겨울의 추위는 너무 ㅎㄷㅎㄷ.

 **생각 뽐내기**

### 내가 산 공정 무역 제품이나 사고 싶은 공정 무역 제품을 써 보세요.
**예** 공정 무역 바나나를 사고 싶어요.

# 주식은 왜 오르락내리락하나요?

전쟁, 선거 등 특별한 일이 있을 때마다 더 크게 오르락내리락하는 것이 있어요. 바로 주식인데요. 주식으로 한순간에 큰돈을 벌기도 하고, 반대로 빈털터리가 되어 망하기도 해요. 과연 주식이 무엇이길래 사람들이 열광하는 것일까요?

먼저 주식에 대해 알아보아요. '주식'은 회사를 운영하기 위한 돈을 투자자로부터 받고, 그 대가로 발행해 주는 것이에요. 회사를 만들고 운영하려면 큰돈이 필요한데 그럴 때 회사는 주식을 발행해요. 그러면 사람들은 돈을 내고 주식을 사서 주주가 되지요. '주주'는 주식을 가지고 있는 사람을 말해요.

회사는 주식을 팔아서 모은 돈으로 회사를 운영하고 이익이 생기면, 주주들과 나누어요. 그래서 사람들은 발전할 가치가 있는 회사에 주식 투자를 하는 것이에요. 훗날 회사의 가치가 오르면 주식값이 올라서 주식을 되팔았을 때 큰 이익을 얻을 수 있기 때문이에요.

하지만 회사가 운영을 잘못해서 손해가 났을 경우 주식값은 떨어지고, 결국 주식 산 돈을 하나도 돌려받지 못할 수도 있어요. 매일매일 달라지는 주식 가격에 따라 이익과 손실이 오르락내리락하기 때문에 사람들이 주식에 크게 관심을 가지는 것이에요.

이처럼 회사 상황에 따라 주식 가격이 달라지기 때문에 주식 투자를 할 때는 신중해야 한답니다.

## 알맹이 찾기

### 글을 읽고 맞으면 O, 틀리면 ×를 써 보세요.

※ 주식은 회사를 운영하기 위한 돈을 투자자로부터 받고, 그 대가로 발행해 주는 것이에요.

※ 주식 투자를 하면 항상 큰 이익을 얻을 수 있어요.

### 뜻과 힌트를 보고 빈칸에 어휘를 써 보세요.

※ 이익을 얻기 위해 돈을 대거나 시간이나 정성을 쏟는 것

힌트: 우리 부모님은 요즘 주식에 과감한 ㅌㅈ를 하고 계세요.

※ 잃어버리거나 손해를 보는 일

힌트: 전쟁으로 도시가 파괴되면서 큰 ㅅㅅ을 입었다.

### 생각 똥누기

**여러분이 주식 투자를 한다면 어느 회사에 하고 싶나요?**

예 제가 좋아하는 자동차 회사에 투자하고 싶어요.

# 과일값, 채솟값이 너무 올랐어요!

월급은 비슷한데 이것은 계속해서 오르고 있어요. 바로 물가인데요. '물가'란 물건의 값으로 여러 가지 상품이나 서비스의 값을 평균한 것이에요. 최근 과일과 채소 물가가 크게 오르면서 장바구니에 과일과 채소를 담기 망설여져요. 도대체 얼마나 올랐을까요?

2024년 3월 소비자 물가 상승률은 3.1%를 찍었어요. 이 말은 2023년 3월에 비해 물가가 3.1% 올랐다는 뜻이에요. 쉽게 말해 작년에 1,000원이었던 것이 올해 1,031원이 된 것이에요.

별것 아닌 것 같지만 모든 물건이 이렇게 가격이 올랐다고 생각하면 꽤 큰 수치예요. 특히 과일값은 작년 같은 기간보다 무려 41%나 올랐는데, 이는 32년 만에 가장 많이 오른 것이라고 해요.

덩달아 채솟값도 크게 올랐는데요. 이렇게 물가가 갑자기 오른 이유는 무엇일까요? 바로 이상 기후 때문이에요. '이상 기후'란 기온이나 강수량이 정상 상태를 벗어난 상태를 말해요. 폭염, 가뭄, 폭설, 폭우 등 이상 기후가 계속되면서, 과일과 채소가 제대로 자라지 못했고 결국 수확량이 확 줄었어요. 이것이 가격에 그대로 영향을 끼쳤지요.

문제를 해결하기 위해 정부는 과일값과 채솟값을 할인해 주고 다른 나라에서 수입하는 양을 늘리겠다고 했어요. 하지만 해충이 들어오는 것을 걱정해서 마음껏 수입할 수도 없는 상황이에요. 과연 물가는 언제쯤 안정될까요?

## 알맹이 찾기

### 빈칸에 들어갈 알맞은 말을 써 보세요.

※ □□는 물건의 값으로 여러 가지 상품이나 서비스의 값을 평균한 것이에요.

※ □□ □□는 기온이나 강수량이 정상 상태를 벗어난 상태예요.

### 뜻과 힌트를 보고 빈칸에 어휘를 써 보세요.

※ 낮은 데서 위로 올라감. □□

힌트: 아파트 가격이 크게 ㅅㅅ해서 사람들이 집을 사는 데 어려움을 겪고 있다.

※ 다른 나라에서 상품이나 기술 등을 국내로 사들이는 것 □□

힌트: 엄마는 농산물을 살 때 ㅅㅇ인지 국산인지 꼼꼼하게 확인하신다.

## 생각 똥누기

**물가가 크게 오른 물건은 또 무엇인지 부모님과 장을 보며 이야기해 보세요.**

예 정육점에서 돼지고기를 살 때 가격이 많이 올랐다고 했어요.

정답 물가, 이상 기후, 상승, 수입

# 대형 마트 대 편의점, 사람들의 선택은?

대형 마트와 편의점 중 사람들은 어느 곳을 더 좋아할까요? 예전의 오프라인 유통업체 매출 순위를 보면 1위는 백화점, 2위는 대형 마트, 3위는 편의점이었어요. 그런데 최근 편의점이 대형 마트를 이기고 2위로 올라섰어요. 그 이유는 무엇일까요?

가장 큰 이유 중 하나는 온라인으로 장을 보는 사람들이 늘어났기 때문이에요. 온라인으로 물건을 주문하면 보통 다음 날 받을 수 있어요. 그래서 대형 마트의 고객들이 온라인으로 넘어가면서 대형 마트의 매출이 줄어들었어요.

반면 편의점은 동네 곳곳에 있다는 것이 가장 큰 강점이 되었어요. 온라인으로 주문하면 아무리 빨라도 한나절은 걸리는데, 당장 필요한 것이 있는 사람은 근처 편의점에서 물건을 사는 것이 편리해요. 게다가 1인 가구가 늘어나면서 필요한 만큼 적은 양을 살 수 있어 편의점을 많이 이용하게 되었어요.

물론 대형 마트는 중간 유통 단계인 도매상인을 거치지 않고 생산자로부터 직접 물건을 받아 판매하기 때문에 편의점보다 가격이 저렴한 경우가 많아요. 하지만 편의점이 1+1 할인 상품이나 자체 브랜드 상품, 기업과 협력해서 만든 독특한 제품 등을 판매해 매출을 계속 올리고 있지요.

앞으로도 편의점은 계속해서 2위가 될까요? 아니면 백화점마저 제칠까요?

## 알맹이 찾기

### 글을 읽고 맞으면 O, 틀리면 ×를 써 보세요.

✖ 최근 오프라인 유통업체 매출에서 대형 마트가 편의점을 앞섰어요.

✖ 대형 마트는 생산자로부터 직접 물건을 받아 판매하기 때문에
   편의점보다 가격이 저렴한 경우가 많아요.

### 뜻과 힌트를 보고 빈칸에 어휘를 써 보세요.

✖ 상품이 생산자에서 소비자에게 도착하기까지의 과정

   힌트: 이 상품의 가격이 싼 이유는 ㅇㅌ 과정을 확 줄였기 때문입니다.

✖ 물건을 낱개로 팔지 않고 모아서 대량으로 파는 것

   힌트: ㄷㅁ로 물건을 사면 훨씬 싸게 살 수 있다.

### 여러분은 대형 마트와 편의점 중 어느 곳을 더 자주 가나요?
예 친구들과 맛있는 것을 사러 편의점에 자주 가요.

정답 ✕, O, 유통, 도매

# 신용 카드는
# 아무나 만들 수 있는 게 아니라고요?

물건을 살 때 돈을 내는 방법은 크게 두 가지예요. 첫 번째는 현금을 내는 것으로 초등학생들이 대부분 이 방법을 사용해요.

두 번째는 카드를 내는 것인데요. 신용 카드 또는 체크 카드로 물건값을 계산할 수 있어요. '체크 카드'는 은행 계좌와 직접 연결되어 있어서 은행 계좌에 남아 있는 돈 안에서 자유롭게 사용할 수 있어요. 만 12세 이상이고 은행 계좌만 있으면 누구나 체크 카드를 만들 수 있지요.

반면 신용 카드는 아무나 발급되지 않고, 발급받으려면 몇 가지 조건이 필요해요. 만 19세 이상이고 직업, 소득, 재산이 있으면서 신용 등급이 일정 수준 이상이 되는 사람들만 발급받을 수 있어요. 그래서 소득이 없는 청소년은 만들기 어려워요.

그 이유는 신용 카드의 뜻에 담겨 있어요. '신용 카드'란 그 사람의 신용을 바탕으로 현금 없이 물건을 살 수 있는 카드예요. 또한 돈을 몇 달에 걸쳐 나누어 낼 수 있는 할부 제도도 이용할 수 있는 카드이지요.

그래서 신용 카드는 은행에서 아무에게나 발급해 주지 않아요. 그 사람의 직업, 소득 등을 살펴보고 카드 결제일에 돈을 낼 수 있는지를 판단한 후 신용 카드를 발급해 주지요. 그래서 청소년은 신용 카드를 만들기 어렵답니다.

## 알맹이 찾기

### 빈칸에 들어갈 알맞은 말을 써 보세요.

✖ 만 12세 이상이고 은행 계좌만 있으면 누구나 ☐☐☐☐ 를 만들 수 있어요.

✖ ☐☐☐☐ 는 그 사람의 신용을 바탕으로 현금 없이 물건을 살 수 있는 카드예요.

### 뜻과 힌트를 보고 빈칸에 어휘를 써 보세요.

✖ 은행 등 금융 기관에 돈을 맡기려고 만든 것 ☐☐

힌트: 핸드폰 요금이 매달 내 ㄱㅈ에서 자동으로 나간다.

✖ 증명서 등을 발행해 주는 일 ☐☐

힌트: 정은이는 도서관 대출증을 잃어버려서 다시 ㅂㄱ받았다.

### 생각 뚱누기

**청소년도 신용 카드를 발급받을 수 있다면 어떨 것 같나요?**

(예) 엄카 대신 내카를 쓸 수 있어 편리할 것 같아요.

# 일본으로 관광객이 몰린 이유가 돈 때문이라고요?

최근 일본 여행을 가는 사람이 많아졌어요. 그 이유는 일본 돈인 엔화가 엄청나게 싸졌기 때문이에요. 엔화 가치가 34년 만에 가장 낮다고 하는데요. 과연 얼마나 싸진 걸까요?

2023년 초까지만 해도 100엔이 약 1,000원 정도였는데 지금은 800~900원 사이를 왔다 갔다 해요. 쉽게 말해 2023년에는 100엔을 사려면 1,000원이 필요했는데 지금은 900원으로 살 수 있는 것이지요.

엔화가 싸진 이유는 일본 정부가 시장에 돈을 풀고 있기 때문이에요. 시장에 돈이 많아지면 돈의 가치는 자연스럽게 떨어져요. 돈의 가치가 떨어지면 물건을 살 때 돈을 많이 내야 해요. 그래서 예전에는 100엔으로 살 수 있던 것을 이제는 100엔으로 살 수 없어요.

이러한 엔화 가치의 변화는 우리나라 경제에도 영향을 주고 있어요. 대표적으로 일본으로 여행을 가는 관광객이 늘어났어요. 이전에 100만 원으로 가야 했던 일본 여행을 지금은 70만 원으로 갈 수 있게 되었거든요. 그 결과 상대적으로 제주도 등 국내 여행지는 타격을 입게 되었어요.

그리고 엔화 관련 주식 상품, 일본 상품들도 잘 팔리고 있어요. 한때 일본 상품 불매 운동(노 재팬 No Japan)으로 사라졌던 일본 상품들이 다시 인기를 얻고 있답니다.

## 알맹이 찾기

### 글을 읽고 맞으면 O, 틀리면 ×를 써 보세요.

- 엔화가 싸진 이유는 일본 정부가 시장에서 돈을 거두어들이기 때문이에요. [ ]
- 엔화 가치의 변화로 일본과 국내 여행지로 여행을 가는 관광객이 모두 늘어났어요. [ ]

### 뜻을 보고 어휘를 넣어 문장을 짧게 써 보세요.

- 타격: 어떤 일로 인해 손해를 보는 일

- 불매 운동: 어떤 나라나 회사에 항의하기 위해 특정 상품을 사지 않는 일

## 생각 뚱누기

### 일본으로 여행을 간다면 무엇을 하고 싶나요?

예 일본에 가서 맛있는 초밥을 많이 먹고 싶어요.

정답 X, X

# 금리가 계속 높아지고 있대요

뉴스를 보면 '기준 금리를 연 3.5%로 유지하겠습니다.' 또는 '미국은 기준 금리 인하를 서두르지 않겠다고 밝혔습니다.' 같은 말들이 자주 등장해요. 여기서 공통으로 나오는 말이 바로 기준 금리인데요. 도대체 무엇이길래 사람들이 관심을 갖는 것일까요?

먼저 '금리'란 빌려준 돈에 이자를 얼마만큼 붙이는지를 말해요. 금리가 높으면 돈을 갚을 때 이자를 그만큼 많이 내야 하지요. 그리고 '기준 금리'란 모든 금리의 기준이 되는 한 나라의 대표 금리예요.

기준 금리는 그 나라의 중앙은행이 정해요. 우리나라의 중앙은행인 한국은행은 개인이 아닌 일반 은행에 돈을 빌려주는 곳이에요. 그래서 한국은행이 정한 기준 금리에 따라 일반 은행도 금리를 조절해요. 그래서 기준 금리가 중요한 것이에요.

최근 기준 금리가 계속 높아지고 있는데요. 그 이유는 높은 물가를 안정시키기 위해서라고 해요. 기준 금리가 높아지면 일반 은행의 금리도 자연스럽게 높아져요. 금리가 높으면 저금했을 때 받는 돈이 늘어나요. 그러면 사람들은 저금을 많이 하고 소비를 줄여요. 사람들이 물건을 안 사려고 하니까 물가는 내려가게 되지요.

이렇게 한국은행은 기준 금리를 높여 물가를 안정시키려고 하는 것이랍니다.

## 알맹이 찾기

### 글을 읽고 맞으면 O, 틀리면 ×를 써 보세요.

✤ 기준 금리는 일반 은행이 정해요. ☐

✤ 한국은행은 높은 물가를 안정시키기 위해 기준 금리를 높였어요. ☐

### 뜻을 보고 어휘를 넣어 문장을 짧게 써 보세요.

✤ 인하: 가격을 낮춤.

✤ 이자: 다른 사람에게 돈을 빌린 대가로 내는 일정한 비율의 돈

## 생각 똥누기

### 기준 금리가 낮아지면 어떤 일이 벌어질까요?

예 이자를 적게 내니까 사람들이 은행에서 돈을 많이 빌릴 것 같아요.

정답 X, O

# 왜 옛날보다 라면이 작아진 것 같을까요?

라면이나 아이스크림을 보면 가격은 전과 같은데 크기가 작아졌다고 느끼는 경우가 있어요. 혹은 '질소 과자'처럼 포장에 비해 과자의 양이 매우 적은 경우도 있어요. 이러한 현상을 '슈링크플레이션(Shrinkflation)'이라고 해요. 슈링크플레이션은 '줄어든다'라는 뜻의 '슈링크(shrink)'와 '지속적으로 물가가 오르는 현상'을 나타내는 '인플레이션(inflation)'을 합친 말이에요.

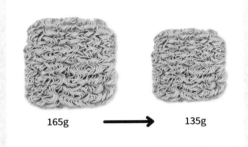

165g    →    135g

이는 기업이 제품의 가격은 그대로 유지하면서 제품의 크기나 양을 줄여서 마치 가격을 올린 것 같은 이익을 얻을 때 쓰는 방법이에요. 가격을 올리면 사람들이 물건을 사지 않기 때문에 양 속임수를 쓰는 것이지요. 원자재 가격이 오르자, 기업은 가격을 올리는 대신 내용물을 줄이면서 이익을 유지하는 방법을 선택했어요.

최근에는 슈링크플레이션과 쌍둥이 현상인 '스킴플레이션(Skimpflation)' 현상도 나타났어요. 스킴플레이션은 '인색하다'라는 뜻의 '스킴프(Skimp)'와 '인플레이션'을 합친 말이에요. 이번에는 제품의 가격과 양은 그대로이지만 제품의 품질을 떨어뜨리는 품질 속임수를 쓴 것이지요.

이런 현상으로 소비자의 불만이 높아지자, 정부는 제품의 양을 바꾸는 경우 소비자에게 알려 주는 제도를 마련하겠다고 했어요.

## 알맹이 찾기

### 빈칸에 들어갈 알맞은 말을 써 보세요.

✖ 제품의 가격은 그대로 유지하면서 제품의 크기나 양을 줄이는 것을

| | | | | | | | 이라고 해요.

✖ 제품의 가격과 양은 그대로이지만 제품의 품질을 떨어뜨리는 것을

| | | | | | 이라고 해요.

### 뜻과 힌트를 보고 빈칸에 어휘를 써 보세요.

✖ 물건을 만드는 원료가 되는 재료 | | | |

힌트: ㅇㅈㅈ 가격이 오르자 과자 가격도 올라갔다.

✖ 돈이나 물건을 아끼는 태도가 매우 지나치다. | | | | |

힌트: 아버지는 돈에 벌벌 떨 정도로 ㅇㅅㅎㄷ.

## 생각 똥누기

### 여러분이 느끼는 슈링크플레이션이나 스킴플레이션의 예를 써 보세요.

예 치킨을 시키면 예전보다 치킨 양이 줄어들었어요.

| |

정답 슈링크플레이션, 스킴플레이션, 원자재, 인색하다

# 억만장자 순위가 계속 바뀌고 있어요

뉴스에 자주 나오는 최고 경영자 (CEO)들이 있어요. 인스타그램, 페이스북 등이 속해 있는 메타의 마크 저커버그, 전기차 개발 회사인 테슬라의 일론 머스크 등이지요. 이런 세계적인 기업의 최고 경영자 중에 누가 가장 부자일까요?

미국 경제 잡지인 〈포브스〉는 세계 부자 순위를 발표해요. 2024년 1월 기준, 세계 1위 부자는 일론 머스크로 재산은 2,320억 달러(약 301조 원)에 달했어요. 마크 저커버그는 5위, 마이크로소프트를 세운 빌 게이츠는 7위에 올랐지요. 그런데 이 순위는 영원한 게 아니라 계속 바뀌어요. 왜 재산 순위가 달라지는 것일까요?

이유는 바로 재산을 평가하는 기준 때문이에요. 보통 재산을 측정할 때 현금만 기준으로 하는 게 아니에요. 저축한 돈과 땅, 건물 등의 부동산을 합해서 전체 재산이 얼마나 되는지 파악해요. 그리고 여기에 주식도 포함돼요.

그런데 주식 가격에 따라 재산의 규모가 왔다 갔다 하기 때문에 하루 사이에 순위가 바뀔 수 있어요. 실제로 일론 머스크는 주식 가격이 내려가 51조 원을 잃었고 억만장자 1위를 빼앗겼어요. 하지만 이후 주식 가격이 다시 올라가면서 1위를 되찾았지요. 이처럼 부자들이 가진 주식의 가치에 따라 재산이 달라져요. 앞으로 억만장자 순위는 또 어떻게 바뀔까요?

## 알맹이 찾기

### 글을 읽고 맞으면 O, 틀리면 ×를 써 보세요.

- 세계 부자 순위는 영원히 바뀌지 않아요. ☐
- 보통 재산을 측정할 때 현금만 기준으로 하는 게 아니에요. ☐

### 뜻을 보고 어휘를 넣어 문장을 짧게 써 보세요.

- 최고 경영자: 기업에서 최고 결정권을 가진 사람

- 측정: 양이나 크기 등을 재는 것

## 생각 똥누기

**내가 만약 억만장자가 된다면 하고 싶은 일은 무엇인가요?**

예 사회에 기부를 많이 해서 어려운 사람들을 돕고 싶어요.

정답 X, O

# 4 세계

# K, K, K! 한국 문화는 얼마나 인기가 많을까요?

인터넷이 발달하면서 지구 전체는 한 마을이 되었어요. 이것을 '지구촌'이라고 하는데요. 지구촌의 각 나라들은 서로 연결되어 있고 다양한 방법으로 소통하고 있어요. 특히 음악, 영화 등 문화를 나누는 움직임이 무척 활발해졌어요. 오늘날 세계에서 우리나라의 대중문화가 큰 인기를 끌고 있는데, 이런 한국의 대중문화 열풍을 '한류'라고 해요.

그중 한국의 대중음악인 케이팝(K-pop)은 전 세계에서 많은 사랑을 받고 있어요. 2012년 가수 싸이의 '강남스타일'이 미국 빌보드 차트에서 7주 연속 2위에 오르면서 전 세계적인 인기를 끌었고, 이후 BTS의 노래가 빌보드 차트 1위에 오르기도 했어요. BTS는 한국 가수 최초로 국제 연합(UN) 총회 무대에서 연설을 하기도 했답니다.

한류 열풍은 케이팝은 물론 드라마, 영화, 뷰티(미용)까지 널리 뻗어 나갔어요. 영화 '기생충'은 한국 영화 최초로 골든 글로브 시상식에서 수상했어요. 또 화장품 등을 파는 '올리브영'은 외국인이 한국에 오면 꼭 가야 하는 곳으로 알려졌어요. 실제로 한국에 온 외국 관광객의 절반 정도가 올리브영에서 화장품을 샀다고 해요. 정말 어마어마한 영향력이지요.

이러한 한국형 콘텐츠 앞에 대한민국 KOREA의 첫 글자인 K를 붙이는데, K-뷰티, K-푸드 등 K가 점점 늘고 있어요.

## 알맹이 찾기

### 빈칸에 들어갈 알맞은 말을 써 보세요.

✽ □□□은 지구 전체를 한 마을처럼 여겨 이르는 말이에요.

✽ 세계에서 한국의 대중문화 열풍인 □□가 불고 있어요.

### 뜻을 보고 어휘를 넣어 문장을 짧게 써 보세요.

✽ 수상: 상을 받는 것

✽ 영향력: 어떤 효과나 작용이 다른 것에 미치는 힘

## 생각 똥누기

### 외국 친구들에게 한국 문화 중 하나를 골라 소개해 보세요.

예 다양한 나물과 고추장을 섞은 비빔밥은 우리나라를 대표하는 음식이에요.

정답 지구촌, 한류

# 모두에게 악몽인 전쟁, 이제 멈춰야 하지 않을까요?

세계 곳곳에서 분쟁이 일어나고 있어요. 그중 현재까지 이어지고 있는 대표적인 분쟁은 '이스라엘-팔레스타인 분쟁'이에요. 이스라엘-팔레스타인 분쟁은 정말 오래되었고 정치적, 종교적, 역사적으로 복잡하게 얽혀 있어요.

유대교를 믿는 유대인은 흩어져 살다가 1948년에 팔레스타인 땅에 이스라엘을 세웠어요. 그러나 당시 팔레스타인에는 이슬람교를 믿는 아랍인들이 살고 있었어요. 오랫동안 팔레스타인에 살던 아랍인들은 자기네 땅에서 쫓겨나게 되었지요. 분쟁으로 수많은 사람들이 죽고 난민이 되었어요. 결국 분쟁 끝에 팔레스타인 아랍인은 서안 지구와 가자 지구에 머물러 살게 되었어요. 하지만 그들은 지금도 70년 넘게 싸우고 있어요.

그러던 중 2023년 10월 7일 새벽, 하마스가 이스라엘을 공격하면서 하마스와 이스라엘의 전쟁이 시작되었어요. '하마스'는 팔레스타인 가자 지구를 다스리는 무장 단체예요. 하마스는 힘으로 이스라엘을 무너뜨리고 이슬람 국가를 세우는 것을 목표로 해요.

지금까지 무차별 공격이 오가고 수많은 사람들이 목숨을 잃었어요. 전쟁 영향으로 전 세계 식량과 에너지 공급망이 꽉 막히기도 했어요. 물자가 부족해지자 물가는 오르고 경제 상황이 나빠졌지요. 무엇보다 이스라엘과 사이가 나쁜 이란이 이스라엘을 지원하면서, 전쟁이 중동 전체로 번질까 걱정해요.

## 알맹이 찾기

### 글을 읽고 맞으면 O, 틀리면 ×를 써 보세요.

✤ 지금은 이스라엘-팔레스타인 분쟁이 끝나고 평화가 찾아왔어요. ☐

✤ 이스라엘과 하마스의 무차별 공격으로 수많은 사람들이 목숨을 잃었어요. ☐

### 뜻과 힌트를 보고 빈칸에 어휘를 써 보세요.

✤ 말썽을 일으켜 시끄럽고 복잡하게 다투는 것 ☐☐

힌트: 영토 ㅂㅈ을 해결하기 위해 각 나라의 대통령이 만났다.

✤ 아시아 남서부와 아프리카 북동부 지역을 가리키는 말로, 주로 이슬람교를 믿음.

☐☐

힌트: ㅈㄷ 지역에는 석유 자원이 많이 묻혀 있어요.

## 생각 똥누기

### 전쟁을 멈춰 달라는 편지를 써 보세요.

예 전쟁으로 많은 사람들이 고통받고 있어요. 제발 전쟁을 멈춰 주세요.

정답 X, O, 분쟁, 중동

# 우리나라는 세계에서 돈이 몇 번째로 많을까요?

학생들이 시험을 보고 성적표를 받는 것처럼 국가도 열심히 경제활동을 하고 경제 성적표를 받아요. 이것을 '국내 총생산(GDP)'이라고 해요. 국내 총생산은 1년 동안 한 나라 영토 안에서 만들어진 물건과 서비스를 모두 합친 것이에요. 국내 총생산이 높을수록 생활 수준이 좋고 경제 상황이 좋다고 봐요.

그러면 집에서 만든 김치는 국내 총생산에 포함될까요? 그렇지 않아요. 국내 총생산에는 시장에서 거래된 것만 포함되기 때문이에요. 이렇게 국내 총생산에 들어가기 위해서는 몇 가지 조건을 만족해야 해요.

먼저 '한 나라 안에서'여야 해요. 해외에서 일하는 사람이나 케이팝 가수가 해외에서 공연하고 번 돈은 국내 총생산에 포함되지 않아요. 다음으로 '새롭게 만든 것'이어야 해요. 예전에 만든 중고 물건도 국내 총생산에 포함되지 않아요. 그리고 '최종 물건'이어야 해요. 예를 들어 자동차에 들어가는 부품은 국내 총생산에 들어가지 않고, 마지막으로 만들어진 자동차만 국내 총생산에 들어간답니다.

그렇다면 우리나라의 국내 총생산은 세계에서 몇 번째일까요? 2024년 기준으로 미국이 1위, 중국이 2위, 독일이 3위이고, 우리나라는 14위예요. 이 순위는 해마다 조금씩 바뀌어요.

## 알맹이 찾기

### 글을 읽고 맞으면 O, 틀리면 ×를 써 보세요.

✖ 국내 총생산이 높을수록 생활 수준이 좋고 경제 상황이 좋다고 봐요.

✖ 우리나라 축구 선수가 해외 팀에서 활약해서 번 돈은 국내 총생산에 포함돼요.

### 뜻을 보고 어휘를 넣어 문장을 짧게 써 보세요.

✖ 영토: 나라의 힘이 미치는 땅의 범위

✖ 서비스: 사람들이 만족을 느끼도록 하는 노력

### 생각 똥누기

### 10년 후 우리나라의 국내 총생산은 세계에서 몇 번째일지 상상해 보세요.

예 한국 문화가 인기가 많으니까 10위가 될 것 같아요.

정답 O, X

# 메타버스는 무슨 버스인가요?

코로나19가 한창이던 시기, 직접 만나는 활동이 어려워지면서 떠오른 것이 있어요. 바로 '메타버스'인데요. 메타버스(Metaverse)란 '초월한'이라는 뜻의 '메타(meta)'와 '세계'를 뜻하는 '유니버스(universe)'를 합친 말로, 현실 세계를 초월한 공간을 말해요. 코로나19로 당시에는 대학교 입학식이나 학교 수업을 메타버스에서 진행하기도 했어요.

이것뿐만이 아니에요. 이런 가상 공간에서 사람들은 아바타를 통해 다양한 활동을 해요. 메타버스에서 선거 운동을 하기도 하고, 콘서트를 열기도 해요. 단순히 메타버스 안을 구경만 하는 게 아니라 가수의 춤을 따라 추고 팬 미팅을 하는 등 현실과 똑같은 활동을 하고 있지요.

메타버스에서는 쇼핑을 하거나 친구를 사귀는 것도 가능하고, 직접 만든 게임이나 아이템을 팔아서 돈을 벌 수도 있어요. 최근 한 회사는 실제 공장과 똑같은 메타버스 공장을 만들어 사람들을 초대했어요. 사람들은 직접 공장에 가지 않고도 메타버스 속 가상 공장을 견학하며 최첨단 시설을 둘러보았어요.

이처럼 메타버스가 주목을 받는 이유는 바로 내가 만든 나만의 아바타로 다양한 체험을 할 수 있기 때문이에요. 시간과 공간의 제한이 없고, 사람들과 자유롭게 소통할 수 있는 또 다른 세계가 우리 앞에 열려 있답니다.

## 알맹이 찾기

### 글을 읽고 맞으면 ○, 틀리면 ×를 써 보세요.

✽ 메타버스는 현실 세계를 초월한 공간으로, 아바타를 통해 다양한 활동을 해요. □

✽ 메타버스는 시간과 공간의 제한이 있어요. □

### 뜻과 힌트를 보고 빈칸에 어휘를 써 보세요.

✽ 사실이 아니거나 없는 것을 사실이거나 실제로 있는 것처럼 생각하는 것

□□

힌트: 이 소설은 ㄱㅅ의 세계를 생생하게 표현해서 재미있어요.

✽ 시대나 유행의 맨 앞 □□□

힌트: ㅊㅊㄷ 시설을 갖춘 아파트가 새로 지어졌다.

## 생각 똥누기

### 여러분은 메타버스에서 무엇을 하고 싶나요?

예 멀리 사는 친구와 메타버스 놀이공원에 가서 놀고 싶어요.

정답 O, X, 가상, 최첨단

# 로봇이 사람처럼 생각하면 어떨까요?

주위를 둘러보면 '인공 지능(AI)'이라는 말이 정말 많이 보여요. 그야말로 인공 지능이 빠지지 않는 곳이 없는데요. 인공 지능은 도대체 무엇일까요?

'인공 지능'이란 컴퓨터가 인간처럼 생각하고 학습하고 판단하여 스스로 행동하도록 만드는 기술을 뜻해요. 명령에 따라 적절한 음악을 틀어 주거나 날씨를 알려 주는 인공 지능 스피커, 스스로 알아서 운전을 해 주는 자율 주행 자동차가 대표적이지요.

2022년에 챗GPT가 등장하면서 세상이 떠들썩했어요. 사람과 대화하는 기능이 있는 컴퓨터 프로그램인 챗봇은 정해진 대답만 하기 때문에 오류가 많았어요. 하지만 인공 지능 챗봇인 '챗GPT'는 사람과 자연스러운 대화를 나누고, 상황에 맞는 대답을 척척 내놓는 등 정말 똑똑해요. 원하는 정보를 요약해 주는 것은 물론 간단한 이야기 만들기, 시 쓰기 같은 창작 활동도 가능하지요. 챗GPT가 이렇게 똑똑한 이유는 수많은 데이터를 학습해서 창작물을 만들어 내기 때문이에요.

이렇게 인공 지능으로 우리 생활은 편리해졌지만, 어두운 면도 생겼어요. 이미지나 목소리를 꼭 진짜인 것처럼 만드는 인공 지능의 딥페이크(Deepfake) 기술 때문이에요. 유명 연예인의 얼굴을 합성해서 가짜 사진을 퍼뜨리거나 정치인의 목소리를 가짜로 만들어 사람들을 현혹하는 등 딥페이크 범죄가 늘어나 사람들이 피해를 보고 있어요.

## 알맹이 찾기

### 빈칸에 들어갈 알맞은 말을 써 보세요.

✽ □□□□는 사람과 자연스러운 대화를 나누는 인공 지능 챗봇이에요.

✽ □□□□범죄가 늘어나 사람들이 피해를 보고 있어요.

### 뜻을 보고 어휘를 넣어 문장을 짧게 써 보세요.

✽ 창작: 처음으로 새롭게 만들어 냄.

✽ 현혹: 정신을 빼앗겨 해야 할 것을 잊어버리는 것

## 생각 똥누기

### 인공 지능을 활용해서 무엇을 하고 싶나요?

예 인공 지능 로봇으로 심부름이나 청소를 시키고 싶어요.

정답 챗GPT, 딥페이크

# 여자들이 검은 천으로 얼굴을 가리고 다니는 나라가 있대요

사람들은 몸을 보호하기 위해, 자신의 개성을 표현하기 위해 옷을 입어요. 그런데 어떤 나라에서는 여자들이 검은 천으로 얼굴을 가리고 다녀야 한대요.

그 나라는 바로 이란인데요. 이란은 아시아의 서쪽에 있고, 인구의 98%가 이슬람교를 믿어요. 이란에서 모든 여성은 공공장소에서 히잡을 써야 해요. 이슬람교 경전인 〈쿠란〉에 여성들은 가족을 제외하고 베일을 싸서 몸을 가려야 한다고 나와 있기 때문이에요.

'히잡'은 이슬람 여성들의 머리와 목 등 신체 일부를 가리기 위해 쓰는 두건이에요. 아랍어로 '가리다'라는 뜻이지요. 이런 전통 복장은 모양이나 신체를 가리는 정도에 따라 부르카, 니캅, 차도르, 히잡 등 종류가 다양해요.

그동안 이란에서는 히잡을 강제로 쓰게 하는 법에 반대하는 시위가 꾸준히 있었어요. 그러던 중 2022년에 22살의 이란 여성이 히잡을 제대로 쓰지 않았다는 이유로 붙잡혔다가 숨지는 사건이 일어났어요. 그러자 사람들은 히잡을 불태우며 정부를 비판하는 반정부 시위를 벌였어요. 지금도 여성의 인권 보장과 자유를 요구하는 시위가 계속해서 일어나고 있어요.

하지만 이란 정부는 시위를 힘으로 누르고, 반정부 시위를 노래로 지지한 이란의 유명 래퍼에게 사형을 내리는 등 자유를 향한 움직임을 강하게 막고 있어요.

## 알맹이 찾기

### 글을 읽고 맞으면 O, 틀리면 ×를 써 보세요.

- 이란에서 모든 여성은 공공장소에서 히잡을 벗어야 해요. ☐
- 지금도 이란에서는 여성의 인권 보장과 자유를 요구하는 시위가 계속되고 있어요. ☐

### 뜻과 힌트를 보고 빈칸에 어휘를 써 보세요.

- 인간으로서 당연히 가지는 기본적인 권리 ☐☐

  힌트: 장애인, 노약자 등 사회적 약자들의 ㅇㄱ을 보장할 수 있는 법을 마련했다.

- 기존의 정부나 정부의 정책에 반대함. ☐☐☐

  힌트: 정부는 ㅂㅈㅂ 시위에 참가한 사람들을 강력하게 처벌했다.

## 생각 똥누기

**이란 여성들처럼 인권을 보장받지 못한 사람들은 또 누가 있을까요?**

예 북한 어린이들이 강제 노동을 하고 있어요.

**정답** X, O, 인권, 반정부

# 잘 가! 푸바오!

SNS에 귀여운 판다 사진이 자주 올라와요. 그 판다의 이름은 바로 '푸바오'인데요. 푸바오는 용인에 있는 동물원에 살던 어린 판다예요. 많은 사랑을 받던 푸바오가 최근 중국으로 돌아갔는데요. 그 이유는 무엇일까요?

푸바오는 2016년 중국에서 온 러바오와 아이바오 사이에서 2020년 7월 20일에 태어났어요. 푸바오는 '행복한 보물'이라는 뜻으로, 이름처럼 태어나자마자 많은 사람들에게 행복을 주었어요. 특히 푸바오는 우리나라에서 태어난 첫 번째 판다라, 크게 화제가 되었지요. 이렇게 많은 관심을 받던 푸바오는 많은 이들의 아쉬움 속에 다시 중국으로 돌아갔어요.

그 이유는 우리나라가 러바오, 아이바오를 데려올 때 중국과 한 약속 때문이에요. 수컷 러바오와 암컷 아이바오를 한국에서 15년 동안 빌리고, 둘 사이에서 아기 판다가 태어나면 만 네 살이 되기 전에 중국으로 돌려보낸다는 내용이지요.

중국은 한국뿐 아니라 세계 여러 나라에 판다를 보내 외교 관계를 맺고 있어요. 귀엽고 소중한 판다를 당신의 나라에 보내니 친목을 다지자는 의미이지요. 이를 '판다 외교'라고 해요. 판다 외교로 보낸 러바오와 아이바오를 통해 푸바오가 선물처럼 찾아왔지만, 약속에 따라 결국 중국으로 돌아갔어요. 그리고 다른 판다들과 함께 새로운 삶을 살고 있어요.

## 알맹이 찾기

### 글을 읽고 맞으면 O, 틀리면 ×를 써 보세요.

✖ 푸바오는 우리나라에서 태어난 첫 번째 판다예요.

☐

✖ 중국이 판다 외교로 보낸 판다는 그 나라에서 영원히 살 수 있어요.

☐

### 뜻을 보고 어휘를 넣어 문장을 짧게 써 보세요.

✖ 외교: 다른 나라와 정치적, 경제적, 문화적으로 관계를 맺는 일

☐

✖ 친목: 서로 친하여 화목함.

☐

## 생각 똥누기

### 중국으로 간 푸바오에게 편지를 써 보세요.

**예** 안녕, 푸바오? 우리에게 행복을 줘서 고마웠어. 정말 보고 싶어!

☐

# 일본이 오염수를 바다에 흘려 보내면 어떤 일이 벌어질까요?

2023년 여름, 일본은 후쿠시마 원전 오염수를 바다에 방류했어요. 많은 사람들이 걱정하는 오염수는 어쩌다 생겼을까요?

시간을 거슬러 2011년 3월, 일본에서 발생한 큰 지진과 쓰나미로 인해 후쿠시마 원자력 발전소가 폭발하는 사고가 일어났어요. 이때 방사성 물질이 누출되면서 주변의 땅과 물을 오염시켰어요. 그리고 이 물질들은 후쿠시마에 사는 사람들의 건강에 큰 영향을 미쳤어요.

사고가 일어난 뒤 녹아내린 핵연료를

식히기 위해 끌어온 바닷물에 방사성 물질이 섞이면서 엄청난 양의 오염수가 생겼어요. 지금도 매일 100톤(t) 이상의 오염수가 생기고 있지요.

그러면 일본은 왜 오염수를 바다에 버리려고 할까요? 그 이유는 바로 오염수를 더 이상 저장할 공간이 없기 때문이에요. 그래서 가장 저렴한 방법인 바다에 버리는 방법을 선택했어요.

전문가들은 일본의 오염수 방류가 처음 있는 일이라 인간과 환경에 어떤 영향을 끼칠지 정확히 알 수 없다고 해요. 일본은 주요 방사성 물질을 걸러 냈고, 오염수 안의 가장 위험한 물질도 국제 안전 기준에 맞으니, 문제가 없다고 주장해요.

일본과 가까운 우리나라는 오염수 관련 정보를 누리집에 실시간으로 올리며 위험에 대비하고 있어요.

## 알맹이 찾기

### 글을 읽고 맞으면 O, 틀리면 ×를 써 보세요.

✖ 일본은 우리나라의 반대로 후쿠시마 원전 오염수를 바다에 버리지 못했어요.

✖ 후쿠시마 원전 오염수는 2011년 일본에서 발생한 큰 지진과 쓰나미로 인해 생겼어요.

### 뜻과 힌트를 보고 빈칸에 어휘를 써 보세요.

✖ 모아서 가두어 둔 물을 흘려 보냄.

　　힌트: 공장 폐수를 허락 없이 ㅂㄹ하여 강물이 오염되었다.

✖ 액체나 기체가 밖으로 새어 나오는 것

　　힌트: 안전사고 예방을 위해 가스 ㄴㅊ 경보기를 설치했다.

### 후쿠시마 원전 오염수가 바다로 흘러가면 어떤 일이 일어날 것 같나요?

**예** 남아 있는 방사성 물질 때문에 바다 생물이 위험할 것 같아요.

# 우리는 지금 어떤 산업 혁명 시대에서 살고 있을까요?

우리는 지금 4차 산업 혁명 시대에 살고 있어요. 도대체 어떤 과정을 거쳐 4차 산업 혁명 시대까지 오게 되었을까요?

'1차 산업 혁명'은 18세기에 영국에서 시작되었어요. 이전에는 주로 농사를 지으며 살았지만, 증기 기관의 발달로 기계를 활용해 물건을 만드는 공업 중심 사회로 변하게 되었어요. 이것은 단순한 변화가 아닌 사회·경제에 큰 변화를 일으켜서 '혁명'이라고 해요.

'2차 산업 혁명'은 19세기에 미국과 유럽에서 일어났어요. 석유, 철강, 화학, 전기 분야를 중심으로 이루어졌고, 대량으로 물건을 생산하게 되었어요. '3차 산업 혁명'은 컴퓨터와 인터넷의 발전으로, 대부분의 산업이 정보화되고 자동화되었지요.

그리고 '4차 산업 혁명'은 인공 지능을 바탕으로 여러 기술을 활용하는 것을 말해요. 인간의 지능을 따라 하는 컴퓨터와 로봇, 엄청난 양의 데이터를 분석해 사람들을 파악하는 빅 데이터, 사물들이 서로 연결되어 있어 버튼 하나로 조작할 수 있는 사물 인터넷, 그 밖에도 자율 주행 자동차, 드론 등이 대표적인 기술이지요. 4차 산업 혁명은 사회와 경제 모든 영역에 영향을 주고 우리 생활에도 큰 변화를 주고 있어요.

앞으로 또 어떤 새로운 산업 혁명 시대가 올까요?

## 알맹이 찾기

**빈칸에 들어갈 알맞은 말을 써 보세요.**

✱ ☐☐☐☐☐☐ 은 컴퓨터와 인터넷의 발전으로, 대부분의 산업이 정보화되고 자동화되었어요.

✱ ☐☐☐☐☐☐ 은 인공 지능을 바탕으로 여러 기술을 활용하는 것을 말해요.

**뜻과 힌트를 보고 빈칸에 어휘를 써 보세요.**

✱ 물을 끓여서 생기는 증기가 기계를 움직이게 하는 기관 ☐☐☐☐

힌트: ㅈㄱ ㄱㄱ으로 공장에서는 빠른 시간에 많은 물건을 만들 수 있게 되었다.

✱ 이전의 제도나 방식을 깨뜨리고 새로운 것을 급하게 세우는 일 ☐☐

힌트: 새로운 기술은 산업에 ㅎㅁ을 가져왔다.

### 생각 똥누기

**미래에는 어떤 산업 혁명 시대가 올지 상상해 보세요.**

예) 우주 산업이 크게 발전해 우주로 나가는 사람들이 많을 것 같아요.

☐

**정답** 3차 산업 혁명, 4차 산업 혁명, 증기 기관, 혁명

97

# 우리가 외면하면 안 되는 위기 국가는 어디일까요?

세계에서 가장 위험에 처한 나라는 어느 나라일까요? 국제구조위원회(IRC)는 해마다 긴급 위기 국가들을 발표하고 구호 활동을 펼치고 있어요. 국제구조위원회는 유명한 물리학자인 아인슈타인의 도움으로 만들어진 국제기구예요. 어려운 나라에 의료 혜택을 제공하고, 어린이들이 배울 수 있도록 돕는 등 다양한 일을 하고 있어요.

국제구조위원회의 보고에 따르면 2024년 우리가 외면하면 안 되는 위기 국가 1위로 '수단'이 뽑혔어요. 수단은 아프리카에 있는 나라로, 2023년 4월부터 내전을 겪고 있어요. 내전이 1년 넘게 이어지면서 수단은 거의 붕괴 직전 상태에 다다랐어요.

전쟁으로 수백만 명의 사람들이 살던 곳을 강제로 떠났고, 주요 시설은 대부분 파괴되었어요. 또한 제대로 된 의료 시설이 없어 각종 질병에 시달리고 있지요. 당연히 먹을 것과 생활에 필요한 물건도 부족하고요. 국제 연합(UN) 통계에 따르면 수단 국민 절반인 약 2,500만 명이 기아 위기에 처했다고 해요.

사람들은 언제 끝날지 모르는 위기 속에서 희망을 잃어 가고 있어요. 이대로라면 나라가 무너질지도 몰라요. 국제구조위원회는 여성과 어린이를 보호하고 돈과 마실 물, 위생 서비스 등을 지원하고 있어요. 더 많은 나라들의 지원이 꼭 필요한 상황이에요.

## 알맹이 찾기

### 빈칸에 들어갈 알맞은 말을 써 보세요.

✽ ☐☐☐☐☐☐☐는 아인슈타인의 도움으로 만들어진 국제기구예요.

✽ 2024년 우리가 외면하면 안 되는 위기 국가 1위로 ☐☐이 뽑혔어요.

### 뜻과 힌트를 보고 빈칸에 어휘를 써 보세요.

✽ 재해나 재난으로 어려움에 처한 사람을 도와 보호하는 일 ☐☐

힌트: 정부는 홍수로 피해를 입은 지역에 ㄱㅎ 물품을 지원했다.

✽ 한 나라 안에서 일어나는 싸움 ☐☐

힌트: 세계 곳곳에서 ㄴㅈ이 끊이지 않고 있어요.

## 생각 똥누기

### 위기에 처한 수단 사람들에게 희망을 주는 편지를 써 보세요.

예 전쟁 때문에 너무 힘드시죠? 어려운 상황이지만 희망을 잃지 마세요.

정답 국제구조위원회, 수단, 구호, 내전

# 미국은 지금 불법 ○○○ 때문에 난리예요!

미국 텍사스주에서는 새로운 이민법을 두고 '시행해라.', '시행하지 말아라.' 두 입장이 부딪치고 있어요. 왜 부딪치는 걸까요?

텍사스주는 멕시코와 국경을 맞대고 있어요. 그래서 멕시코를 통해 입국 절차를 제대로 밟지 않은 불법 이민자들이 미국으로 몰리고 있어요. '불법 이민자'는 정부의 허가 없이 다른 나라로 들어오는 사람들이에요.

이 문제를 두고 한쪽에서는 불법 이민자들의 인권을 지켜 줘야 한다고 하고, 다른 한쪽에서는 불법 이민자들이 온갖 범죄를 일으키는 등 문제가 있으니 쫓아내야 한다고 해요.

그런데 최근 멕시코 국경을 통한 불법 이민자들이 크게 늘면서 텍사스주는 강력한 대책을 내놨어요. 새 이민법에 따르면 텍사스주는 불법 이민자를 체포하고 추방할 수 있어요. 원래 외국인을 체포하고 추방하는 것은 중앙 정부인 연방 정부의 권한이었는데요. 텍사스주는 자신들도 그 권한을 갖겠다는 법을 만든 거예요. 미국 행정부는 '우리 권한을 침범하지 마!'라며 법원에 소송을 냈고, 이것이 받아들여지면서 새 이민법을 쓸 수 없게 되었어요.

그러자 텍사스주는 결정에 따를 수 없다며 다시 심사를 요구했고, 법원은 '새 이민법 인정할게!'라고 했다가 지금은 보류한 상태예요. 이처럼 불법 이민자 문제를 두고 많은 사람들이 부딪치며 큰 관심을 가지고 있어요.

## 알맹이 찾기

### 글을 읽고 맞으면 O, 틀리면 ×를 써 보세요.

- 불법 이민자는 정부의 허가 없이 다른 나라로 들어오는 사람들이에요. ☐
- 텍사스주는 불법 이민자들의 인권을 지키기 위해 새 이민법을 쓰지 않기로 했어요. ☐

### 뜻과 힌트를 보고 빈칸에 어휘를 써 보세요.

- 국가가 어떤 이유로 외국인을 나라 밖으로 쫓아내는 일 ☐☐

  힌트: 불법 체류자들이 자기 나라로 ㅊㅂ을 당했다.

- 어떤 일을 당장 처리하지 않고 나중으로 미루어 둠. ☐☐

  힌트: 이 문제는 일단 ㅂㄹ야.

## 생각 똥누기

### 미국 정부는 불법 이민자들을 어떻게 대해야 할까요?

예 불법 이민자들이 자기 나라로 돌아가도록 도와줘요.

정답 O, X, 추방, 보류

# 사람이 화성으로 간다고요? 말도 안 돼!

테슬라의 최고 경영자인 일론 머스크는 어렸을 때부터 꿈이 있었어요. 바로 화성으로 가는 것이었어요. 그리고 마침내 일론 머스크가 만든 우주 탐사 기업인 스페이스X는 네 번째 시도 끝에 로켓 '스타십'을 지구로 돌아오게 하는 데 성공했어요.

스타십은 지금까지 인류가 만든 로켓 중 가장 크고 강력한 로켓이에요. 길이는 120미터(m)로 아파트 40층 높이이고, 여기에 화물 100톤(t)과 사람 100명을 실을 수 있다고 해요. 스페이스X는 스타십의 성능과 안전성을 계속 시험한 뒤, 본격적으로 화성으로 향할 계획을 가지고 있어요.

화성은 태양계에서 지구와 가장 비슷한 행성이에요. 그래서 일론 머스크는 스페이스X를 만들 때부터 언젠가 사라질 지구를 대비해 화성을 개척해야 한다고 했어요. 실제로 그가 만든 기업들은 화성 이주 계획과 어느 정도 관련이 있어요. 우주 탐사 기업인 스페이스X, 전기차 회사인 테슬라, 태양 에너지 기업인 솔라시티, 우주 인터넷 기업인 스타링크 등 그가 세운 기업과 투자한 기술 모두 화성 탐사를 위해 준비한 것이라는 이야기가 있지요.

아직 스타십이 안정적이지 못하고 화성까지의 거리가 너무 멀기 때문에 사람과 물건을 옮기는 것이 가능한지 의문이 남아 있어요. 그래도 이번 성공으로 인류는 화성을 향해 한 걸음 나아가게 되었어요.

## 알맹이 찾기

### 빈칸에 들어갈 알맞은 말을 써 보세요.

✽ ☐☐☐☐☐는 스타십을 지구로 돌아오게 하는 데 성공했어요.

✽ ☐☐은 태양계에서 지구와 가장 비슷한 행성이에요.

### 뜻을 보고 어휘를 넣어 문장을 짧게 써 보세요.

✽ 개척: 새로운 영역이나 분야를 처음 시작해 새로운 길을 닦음.

✽ 이주: 다른 곳으로 옮겨 머무름.

## 생각 똥누기

### 화성에 가서 하고 싶은 일을 상상해 보세요.

예 가족들과 화성 곳곳을 여행하고 싶어요.

정답 스페이스X, 화성

# 네이버, 쿠팡 대 알리익스프레스, 테무 과연 승자는?

온라인 쇼핑이 늘어난 요즘, 자주 보이는 광고가 있어요. 바로 '테무' 광고인데요. 테무는 중국의 이 커머스(E-commerce) 플랫폼이에요. '이 커머스'란 인터넷을 이용해 온라인으로 이루어지는 전자 상거래를 말해요. 네이버, 쿠팡 등이 우리나라의 대표적인 이 커머스 플랫폼이지요.

최근 중국의 이 커머스 플랫폼이 우리나라에 들어오면서 국내 이 커머스 플랫폼 자리를 위협하고 있어요. 중국은 엄청나게 싼 가격에 물건을 내놓는데, 이렇게 싸게 팔 수 있는 이유는 원가가 싼 중국산 제품을 한꺼번에 많이 팔아서 이익을 내기 때문이에요.

하지만 문제도 있어요. 주로 해외 배송이 이루어지기 때문에 배송 기간이 길고, 저렴한 중국산 제품이 많아서 품질이 떨어지는 경우가 많아요. 그리고 과장 광고를 넘어 거짓 광고로 소비자들을 화나게 하기도 해요. 가장 큰 문제는 개인 정보 문제인데요. 알리익스프레스와 테무에서 너무 많은 개인 정보를 수집하고 활용한다는 것이에요.

우리나라의 한 시민 단체는 알리익스프레스와 테무가 개인 정보 보호법을 위반했다며 고소하기도 했어요. 그런데도 알리익스프레스와 테무의 사용자가 늘어나자, 국내 이 커머스 플랫폼은 바짝 긴장하기 시작했어요. 네이버와 쿠팡은 가격을 낮추고 여러 가지 이벤트를 하는 등 다시 소비자를 끌어모으기 위해 노력하고 있어요.

## 알맹이 찾기

### 글을 읽고 맞으면 O, 틀리면 ×를 써 보세요.

- 이 커머스란 인터넷을 이용해 온라인으로 이루어지는 전자 상거래를 말해요. ☐
- 알리익스프레스와 테무는 우리나라의 대표적인 이 커머스 플랫폼이에요. ☐

### 뜻을 보고 어휘를 넣어 문장을 짧게 써 보세요.

- 과장: 사실보다 지나치게 불려서 나타내는 것

- 위반: 법, 명령, 약속 등을 지키지 않고 어기는 일

## 생각 똥누기

**중국의 이 커머스 플랫폼의 좋은 점과 나쁜 점을 이야기해 보세요.**

예 물건을 싸게 살 수 있어요. 하지만 물건이 사진과 다를 때가 많아요.

정답 O, X

# 5 환경

# 남극 기온이 평균보다 40도가 높아졌다고요?

지구에서 가장 추운 지역은 어디일까요? 바로 남극인데요. 남극에서 여러 가지 일들이 일어나고 있어요. 온통 얼음으로 덮여 있는 남극의 기온이 한때 평균보다 40도 가까이 높아졌다는 것이 최근 밝혀졌어요. 지금까지 지구상에서 이렇게 큰 온도 상승은 없었어요.

그뿐만 아니라 남극 바다를 덮고 있는 큰 얼음판인 해빙이 최근 기록적으로 줄어들었어요. 해빙이 줄어드는 것은 지구 환경에 좋지 않은 신호예요. 밝은색의 얼음은 태양광을 반사해서 지구의 온도를 낮춰 주는 역할을 하는데, 해빙이 녹아서 없어지면 그만큼 지구가 뜨거워지기 때문이에요.

남극에 이런 일들이 일어나는 이유는 무엇일까요? 가장 큰 이유는 온실가스 배출량이 늘어났기 때문이에요. 늘어난 온실가스로 지구가 뜨거워지고 바닷물의 온도가 높아졌어요. 게다가 남극의 찬 공기가 밖으로 나가는 것을 막고 남극 밖의 따뜻한 공기가 안으로 들어오지 못하게 하는 극소용돌이가 빠르게 사라지면서, 따뜻한 공기가 남극으로 들어왔어요.

이에 따라 남극 해빙 아래 조류(물속에 사는 식물)가 사라지기 시작했고 조류를 먹는 크릴새우도 줄어들었어요. 과학자들은 크릴새우를 먹는 물고기, 펭귄, 바다표범, 고래 등의 멸종으로 이어질 수 있다며 걱정의 목소리를 내요.

## 알맹이 찾기

### 글을 읽고 맞으면 O, 틀리면 ×를 써 보세요.

✖ 지구에서 가장 추운 지역은 북극이에요.

☐

✖ 해빙이 녹아서 없어지면 그만큼 지구가 시원해져요.

☐

### 뜻을 보고 어휘를 넣어 문장을 짧게 써 보세요.

✖ 배출량: 어떤 물질을 밖으로 내보내는 양

☐

✖ 멸종: 생물의 한 종류가 아주 없어지는 일

☐

## 생각 똥누기

**남극을 지키기 위해 내가 할 수 있는 일을 써 보세요.**

예 가까운 거리는 걷거나 자전거를 이용해요.

☐

# 점점 사라지는 섬나라, 투발루를 소개합니다

지구 온난화로 해수면이 높아지면서 위기에 처한 나라가 있어요. 바로 투발루인데요. 투발루는 남태평양 가운데 있는 나라로, 9개의 섬으로 이루어져 있어요. 섬 전체가 푸른빛을 띠는 아름다운 이곳은 이미 섬 2개가 물에 잠겼어요. 투발루는 지금 어떤 상황일까요?

투발루는 해수면이 높아져서 밀물 때면 국토의 40%가 물에 잠겨요. 2050년이 되면 수도가 있는 섬의 절반이 매일 물에 잠길 것이라고 해요. 과학자들은 앞으로 50년에서 100년 사이에 나라가 완전히 물에 잠길 것으로 예측해요.

무엇보다 가장 큰 문제는 식량난이에요. 짠 바닷물이 땅을 덮으면서 식물을 심을 땅이 없고, 남아 있는 땅도 변해 버려 농사를 제대로 지을 수 없게 되었어요. 지금 투발루는 다른 나라에서 받은 흙과 비료로 겨우 농사를 짓고 있어요. 주민들은 신선한 채소를 구하기 위해 새벽부터 줄을 선다고 해요.

사실 투발루를 비롯한 태평양의 섬나라들은 지구 온난화를 일으키는 온실가스를 아주 적게 배출해요. 14개 섬나라의 온실가스를 다 합쳐도 전 세계 배출량의 0.03%도 되지 않아요. 하지만 이 섬나라들은 지구 온난화의 피해를 가장 크게 받고 있어요.

그래서 투발루와 가까운 오스트레일리아는 해마다 투발루 국민들을 받아들이고, 해수면 상승으로 인한 피해를 막기 위해 지원하기로 약속했어요.

## 알맹이 찾기

### 빈칸에 들어갈 알맞은 말을 써 보세요.

✖ 지구 온난화로 해수면이 높아지면서 ☐☐☐ 는 위기에 처했어요.

✖ 태평양의 섬나라들은 지구 온난화를 일으키는 ☐☐☐☐ 를 아주
적게 배출해요.

### 뜻과 힌트를 보고 빈칸에 어휘를 써 보세요.

✖ 하나 또는 그 이상의 섬으로 이루어진 나라 ☐☐☐

힌트: 일본은 사방이 바다로 둘러싸인 ㅅㄴㄹ예요.

✖ 바닷물의 표면 ☐☐☐

힌트: 밀물과 썰물 때 ㅎㅅㅁ의 높이는 바뀌어요.

## 생각 똥누기

### 전 세계 사람들에게 투발루를 도와 달라는 편지를 써 보세요.
**예** 투발루를 구해 주세요! 기후 위기를 막아 주세요!

# 환경을 보호하는 녹색 허리띠가 풀린다고요?

도시가 무질서하게 개발되어 환경이 파괴되는 것을 막기 위해 만든 녹색 지대가 있어요. 바로 '그린벨트'인데요. 다른 말로 '개발 제한 구역'이라고 해요. 쉽게 말해 '환경을 위해 이곳은 건들지 마!'라고 하는 곳이에요.

그런데 최근 정부에서 그린벨트를 확 풀겠다고 해서 여러 입장이 부딪치고 있어요. 그린벨트를 풀겠다고 한 이유는 공장이나 주택을 지어서 지역 경제를 살리기 위해서예요. 그린벨트는 절반 이상이 비수도권에 몰려 있어요. 그래서 지방 자치 단체가 지역 발전에 필요한 사업을 벌이려고 해도 그린벨트 때문에 사업을 진행할 수 없었어요. 그러다 보니 비수도권은 점점 발전이 어려워지고 수도권은 점점 인구가 쏠리는 현상이 심해졌어요.

그래서 정부는 이제 비수도권 지역의 그린벨트를 풀어서 중요한 사업을 진행할 경우에 해당 지역을 개발할 수 있게 하겠다고 발표했어요.

하지만 그린벨트를 풀면 환경이 파괴될 것이라는 우려도 있어요. 숲과 나무가 가득한 그린벨트는 기후 위기의 원인인 이산화 탄소를 흡수해서 환경을 지키는 데 도움이 되기 때문이에요.

한편, 정부는 그린벨트뿐만 아니라 꼭 필요한 규제를 빼고는 땅에 대한 규제들을 없애겠다고 했어요. 과연 정부의 결정이 지역 경제를 살리는 데 도움이 될까요?

## 알맹이 찾기

### 빈칸에 들어갈 알맞은 말을 써 보세요.

✤ 도시가 무질서하게 개발되어 환경이 파괴되는 것을 막기 위해 □□□□를 만들었어요.

✤ 그린벨트는 기후 위기의 원인인 □□□ □□를 흡수해요.

### 뜻을 보고 어휘를 넣어 문장을 짧게 써 보세요.

✤ 비수도권: 수도권(수도를 중심으로 이루어진 대도시권)을 제외한 나머지 지역

✤ 규제: 어떤 일을 법, 규칙에 따라 못 하게 막는 것

## 생각 똥누기

### 그린벨트가 풀리면 어떤 일이 일어날까요?

예 도로가 만들어지고 건물들이 많이 생길 것 같아요.

**정답** 그린벨트, 이산화 탄소

# 택배 과대 포장 이제 그만!

택배를 받고 나서 '배보다 배꼽이 더 크다.'라고 생각한 적이 있을 거예요. 내용물에 비해 포장이 지나치게 큰 경우가 많이 있기 때문이에요. 이것을 '과대 포장'이라고 해요.

환경부에 따르면 2023년 국내 택배량은 약 40억 개로, 1명당 약 78개의 택배를 주고받은 셈이라고 해요. 1년 동안 수십억 개에 달하는 택배에서 나오는 택배 쓰레기도 수백만 톤(t)씩 나와요.

그래서 환경부는 택배 쓰레기를 줄이기 위해 2024년부터 택배 과대 포장 규제를 시행하기로 했어요. 사실 이 규제는 2년 전에 만들어졌어요. 상자 포장은 1번만 하고, 물건 이외의 남는 공간이 50%보다 적어야 한다는 내용이지요.

법이 만들어진 지 2년 만에야 규제가 시행되는 건데, 또다시 2년의 계도 기간(정책을 시행하기 전 사람들에게 알리는 기간)을 두기로 했어요. 그리고 매출이 작은 업체나 해외 직구 등은 규제 대상에서 제외했어요.

여러 해 동안 시행이 미뤄졌는데 다시 2년의 계도 기간을 두기로 하면서, 당장 규제를 어겨도 처벌받지 않게 되었어요. 그 이유는 기업들이 포장 종류를 늘리고 시설을 새로 만드는 데 시간이 오래 걸린다는 것이에요. 환경 단체는 환경 정책이 후퇴했다며 이를 비판했어요. 또 미리 구체적인 방법을 고민하지 않고 섣불리 규제를 시행했다고 지적했지요.

## 알맹이 찾기

### 글을 읽고 맞으면 O, 틀리면 ×를 써 보세요.

- 환경부는 2024년부터 택배 과대 포장을 하는 기업을 처벌하고 있어요. ☐
- 매출이 작은 업체나 해외 직구 등도 예외 없이 모두 규제 대상이에요. ☐

### 뜻을 보고 어휘를 넣어 문장을 짧게 써 보세요.

- 매출: 물건 등을 내다 파는 일

☐

- 후퇴: 뒤로 물러남.

☐

## 생각 똥누기

### 택배 쓰레기를 줄이는 방법을 떠올려 보세요.

예 종이 상자 대신 재사용할 수 있는 가방을 써요.

☐

정답 X, X

# 고기 대신 채소를 먹으면 환경에 도움이 된다고요?

우리나라에서 채식하는 사람은 200만 명이 넘는다고 해요. 최근 학교에서도 '채식의 날'을 정해 육류가 나오지 않는 급식을 먹기도 해요. '채식'이란 고기, 생선, 달걀, 우유 등 동물성 식품을 피하고 채소, 과일, 곡물, 버섯, 해조류 등의 식물을 먹는 것이에요.

채식을 하는 이유는 사람마다 달라요. 종교적인 이유로 육류를 먹지 않는 사람도 있고, 동물의 권리를 보호하기 위해 먹지 않는 사람도 있어요. 최근에는 환경을 보호하기 위해 채식을 하는 사람들이 늘고 있는데요. 과연 채식과 환경은 어떤 관련이 있을까요?

가축과 관련된 축산업은 사실 지구 온난화에 큰 영향을 미치고 있어요. 가축을 기르고, 잡고, 유통하는 모든 과정에서 많은 양의 온실가스가 생기기 때문이에요.

가축이 지낼 초원을 만들거나 가축을 먹일 옥수수를 키울 때 온실가스를 흡수하는 나무를 베어야 해요. 또 놀랍게도 소의 트림과 방귀에는 많은 양의 메탄이 들어 있어요. 메탄도 이산화 탄소처럼 지구 온난화를 일으키는 온실가스 중 하나예요. 그리고 자동차나 비행기 등으로 고기를 운반할 때도 많은 양의 온실가스가 생기지요.

이런 이유로 채식이 환경을 보호하는 데 도움이 될 수 있답니다.

## 알맹이 찾기

### 빈칸에 들어갈 알맞은 말을 써 보세요.

✽ ☐☐은 동물성 식품을 피하고 채소, 과일, 곡물, 버섯, 해조류 등의 식물을 먹는 것이에요.

✽ 소의 트림과 방귀에는 많은 양의 ☐☐이 들어 있어요.

### 뜻을 보고 어휘를 넣어 문장을 짧게 써 보세요.

✽ 해조류: 김, 미역, 다시마 등 바다에서 나는 조류

✽ 축산업: 가축을 기르고 그 생산물을 가공하는 산업

## 생각 똥누기

**건강과 환경에 좋은 음식을 골라, 채식 식단을 만들어 보세요.**

예 밥, 된장국, 토마토스파게티, 감자채볶음, 오렌지

정답 채식, 메탄

# 나도 모르게 플라스틱을 먹고 있다고요?

집에서도 페트병에 들어 있는 생수를 마시는 사람들이 있어요. 그런데 외국의 한 연구에 따르면 생수 1리터(L)에 24만 개의 미세 플라스틱 입자가 들어 있다고 해요. 그리고 생수병의 뚜껑을 열 때도 1리터당 131개의 미세 플라스틱 입자가 나온다고 해요. 과연 우리는 미세 플라스틱으로부터 안전할까요?

'미세 플라스틱'이란 5밀리미터(mm)보다 작은 크기의 플라스틱을 말해요. 미세 플라스틱은 생수병뿐만이 아니라

플라스틱 제품이 부서지거나, 옷을 세탁할 때 옷감에서 분리되면서 생겨요.

미세 플라스틱은 너무 작아서 정수 처리 과정에서 걸러지지 않고 하수구를 통해 강으로, 바다로 흘러가요. 바다 생물들에게 미세 플라스틱은 반짝거리는 먹이처럼 보여요. 그래서 미세 플라스틱을 먹은 바다 생물이 사람에게 잡히고, 시장에서 팔려서 사람들의 식탁에 올라오게 돼요. 그러니까 미세 플라스틱을 먹은 물고기나 조개, 해조류 등을 사람들이 먹는 것이지요. 심지어 우리 몸에 꼭 필요한 소금에도 미세 플라스틱이 들어 있어요.

우리가 먹은 미세 플라스틱은 몸에 흡수되어 몸속에 쌓이게 돼요. 미세 플라스틱이 몸속 장기에 붙으면 염증을 일으킬 수 있어요. 또 계속해서 쌓이면 암세포가 빠르게 성장하거나 뇌 기능이 떨어져 위험할 수 있어요.

## 알맹이 찾기

### 글을 읽고 맞으면 ○, 틀리면 ×를 써 보세요.

- 미세 플라스틱은 정수 처리 과정에서 모두 걸러져요. ☐
- 우리가 먹은 미세 플라스틱은 몸에 흡수되지 않고 배출돼요. ☐

### 뜻과 힌트를 보고 빈칸에 어휘를 써 보세요.

- 물질을 구성하는 매우 작은 물체 ☐☐

  힌트: 바닷가 모래의 ㅇㅈ가 고와요.

- 소독 과정 등을 통해 물을 수돗물로 공급하기 알맞은 수질로 만드는 일

  ☐☐☐☐

  힌트: 수돗물은 ㅈㅅ ㅊㄹ 과정을 거쳐 집으로 온다.

## 생각 똥누기

**미세 플라스틱을 줄이기 위해 내가 할 수 있는 일을 써 보세요.**

예 옷을 자주 세탁하지 않아요.

정답 X, X, 입자, 정수 처리

# 옷만 잘 입어도 환경을 지킨대요

옷을 사기 위해 백화점이나 시장을 가야 했던 옛날과 달리 이제는 어디서나 온라인 쇼핑으로 쉽게 옷을 살 수 있어요. 원하는 옷을 장바구니에 담고 구매 버튼만 누르면 집 앞으로 배송되지요. 그런데 쉽게 옷을 사는 만큼 버리는 옷도 그만큼 많아요. 특히 빠르게 바뀌는 유행에 따라 싼 옷을 사서 짧게 입고 버리는 '패스트 패션(fast fashion)' 때문에 버리는 옷이 크게 늘어났어요.

패스트 패션은 옷의 가격을 낮추기 위해 좋지 않은 섬유를 사용해요. 그래서 옷감이 쉽게 상해서 금방 버리게 되지요. 하지만 패스트 패션으로 자원이 크게 낭비되고 쓰레기가 늘어나고 있어요. 또 버려진 옷을 태워 없애거나 매립하는 과정에서 많은 양의 온실가스가 나오고 있지요. 전 세계 폐수의 20%, 온실가스의 10%가 바로 옷을 만들고 버리는 과정에서 나온다고 해요.

패스트 패션을 걱정하는 목소리가 커지면서 패스트 패션과 반대로 '슬로 패션(slow fashion)'이 등장했어요. 말 그대로 옷을 천천히 만들고 유행에 상관없이 오래 즐긴다는 뜻이에요. 옷을 만들고 판매하고 입는 모든 과정에서 환경을 고려하는 친환경적인 패션이지요.

슬로 패션을 이끄는 한 의류 회사는 페트병 등 재활용 소재를 활용해 옷을 만들고 있어요. 하지만 무엇보다 중요한 것은 소비자들이 자신이 잘 입을 수 있는 옷을 천천히 고민하고 구매해서, 최대한 오래 입는 것이에요.

## 알맹이 찾기

### 빈칸에 들어갈 알맞은 말을 써 보세요.

✤ 빠르게 바뀌는 유행에 따라 싼 옷을 사서 짧게 입고 버리는 패션을

□□□ □□ 이라고 해요.

✤ □□ □□ 은 모든 과정에서 환경을 고려하는 친환경적인 패션이에요.

### 뜻과 힌트를 보고 빈칸에 어휘를 써 보세요.

✤ 쓰레기나 폐기물을 모아서 파묻는 일 □□

힌트: 쓰레기를 ㅁㄹ하면 땅이 오염되어 작물이 자라기 어렵다.

✤ 공장이나 광산 등에서 쓰고 난 뒤에 버리는 물 □□

힌트: 공장에서 나온 ㅍㅅ가 강을 오염시키고 있다.

## 생각 똑누기

**옷 쓰레기를 줄이려면 어떻게 해야 할까요?**

예 옷을 살 때 새 옷 대신 중고 옷을 사요.

**정답** 패스트 패션, 슬로 패션, 매립, 폐수

## 찾아보기